언약, 하나님과 나를 묶는 띠

앤드류 머레이 지음 · 문효미 옮김

저자 서문

설교자는 본래 기록되었던 성경원문을 현대 언어와 사상으로 바꾸어 일반 그리스도인들이 성경의 진리를 이해할 수 있도록 하는 것이 가장 중요하다고 자주 거론되고 있습니다. 그러나 두렵게도 새로운 해석을 시도해 보는 일은 종종 득보다 실이 많음을 경계해야 합니다. 번역을 하면서 원문이 지닌 뜻을 잃어버리기가 쉽습니다. 그러한 결과로 하나님이 말씀하신 뜻과는 전혀 관계 없는 부류의 그리스도인들이 생겨나기도 하였습니다. 성경 말씀이 지닌 뜻을 파악하지 못하면 성경에서 말하는 진리를 놓치게 됩니다. 성경 진리를 놓치게 되면 말씀을 하신 하나님을 잃어버리게 될 것입니다. 그러므로 그리스도인들은 각자가 성령께서 하신 말씀을 연구하고 깨달으며 살지 않으면 안됩니다.

성경에서 본래의 의미를 가장 많이 잃어버린 말씀들 가운데 하나가 언약이라는 말씀입니다. 언약이라는 말씀이 신학의 기조가 되고, 거룩한 그리스도인의 삶을 사는 비결이 되었던 때가 있었습니다. 우리는 이 말이 스코틀랜드 민족의 삶과 의식 속에 얼마나 깊이 뿌리박혀 있는가를 압니다. 언약은 스코틀랜드인들에게 힘과 용기를 주었습니다. 언약으로 강하여진 그들은 실제로 하나님과, 하나님의 언약과 능력을 놀랍도록 경험하였습니다. 언약이라는 주제는, 자신이 하신

모든 약속을 이루시겠다고 신실하게 맹세해 오신 하나님과 언약 관계에 살고 있다고 확신하는 가운데 자신의 삶을 모두 맡기고자 하는 사람들에게 계속해서 힘과 목적의식을 줄 것입니다.

  이 책에서는 누구든지 하나님께서 우리에게 주시겠다고 언약하신 복들이 어떠한 것인가, 언약하신 복을 능히 이루시리라고 어떠한 보증을 주셨고 또 계속해서 주시는가, 그 언약이 하나님과의 관계에서 우리에게 어떠한 위치를 부여해 주는가, 그러한 복을 풍성하게 지속적으로 경험하기 위한 조건들이 무엇인가를 어렴풋이라도 보여주려고 하였습니다. 누구든지 하나님께서 우리에게 하신 언약에 귀기울이고, 하나님을 언약의 하나님으로 여긴다면 힘과 기쁨을 얻게 될 것을 확신합니다.

  얼마 전에 나는 다음과 같은 내용의 편지를 받았습니다. "선생님께서 다음번에 중보에 관해 책을 내실 때 그 책에 실었으면 하는 능력에 관해 제가 한 마디 한다고 해도 아량 있게 이해하시리라 생각합니다. 저는 하나님께서 올 겨울에 중보기도에서 새 언약이 차지해야 할 위치에 관해 직접 가

르쳐 주셨다고 생각합니다…선생님은 언약과 언약의 권리를 믿고 계시는 분으로 저는 알고 있습니다. 언약에 관한 선생님의 생각을 중보라는 주제와 관련지어 철저하게 규명해 보신 적이 있습니까? 우리는 담대하게 하나님의 존전 앞으로 나아가 구할 수 있을 뿐만 아니라, 영적인 탐구, 깨끗하게 하심, 지식과 그 세 가지 위대한 언약 안에 약속하신 능력에 대한 언약의 권리를 그리스도를 통해 주장할 수도 있다는 결론에 이른다면 제가 잘못된 것입니까? 선생님이 만약 언약에 관하여 하나님이 가르치시는 대로 말한다면, 그것은 주님이 우리에게 언약을 주시면서 우리에게 주신 능력을 교회가 깨닫도록 하기 위해 하나님이 취하실 수 있는 가장 빠른 방법이 되리라 생각합니다. 선생님이 하나님의 백성들에게 그 자신들이 언약을 소유한 사람들임을 알려준다면 참으로 기쁘겠습니다." 비록 이 편지가 중보에 관한 책을 집필하게 되었던 계기가 되었던 것도 아니었고, 언약에 대한 우리의 권리를 기도와의 관계보다 훨씬 더 넓은 측면에서 생각해 오긴 했지만, 우리가 중보기도를 할 때에 언약의 하나님을 소유하고 있다는 것이 무슨 뜻인가를 개인적으로 직접 깨닫는 것보다 더 중요한 효과를 나타내는 것은 없다는 것을 확신하게 되었습니다.

나의 가장 큰 바램은 그리스도인들이 하나님께서 어떠한 사람이 되길 바라시는가와 그들을 어떠한 사람으로 만들고자 하시는가를 정확히 알고자 진실로 힘쓰는가 하고 묻는 것입니다. 믿음으로 하나님께서 이르신 "우리의 구원"이라는 것을 진정으로 깨닫거나 받아들이거나 누릴 수 있는 때는 "주님의 마음이 우리들에게 나타나기를" 기다릴 때 뿐입니다. 우리가 구하거나 생각하는 것만을 하나님께서 하시리라 기대한다면 하나님을 제한하는 것입니다. 하늘이 땅보다 높이 있는 것과 마찬가지로 하나님의 생각도 우리의 생각을 훨씬 뛰어넘는 것임을 믿고 하나님께서 뜻하시는 대로 **하나님의 말씀을 따라** 우리에게 행하실 분으로 하나님을 기다린다면, 성령께서 우리 안에 역사하실 수 있는 참된 그리스

도의 삶, 곧 진정으로 초자연적이고도 천상적인 삶을 살 준비를 하게 될 것입니다.

   하나님께서 모든 독자들을 자신의 임재의 비밀 가운데로 이끄셔서 "하나님의 언약을 독자들에게 나타내시기를" 바랍니다.

1898. 11. 1.
남아프리카, 웰링턴에서
앤드류 머레이

차 례

저자서문

1. 언약의 하나님 ················ 11
2. 두 가지 언약과 상호간의 관계 ········ 19
3. 첫 언약 ···················· 26
4. 새 언약 ···················· 34
5. 그리스도인의 삶에서 경험하는 두 언약 ···· 43
6. 영원한 언약 ·················· 51
7. 새 언약은 성령의 직분이다 ·········· 59
8. 옛 언약에서 새 언약으로 ··········· 67
9. 언약의 피 ··················· 75
10. 새 언약의 중보자이신 예수님 ········· 82
11. 더 좋은 언약의 보증이신 예수님 ········ 89

12. 언약서 ················· 98
13. 새 언약에서 뜻하는 순종 ········ 106
14. 새 언약은 은혜의 언약이다 ······· 113
15. 영원한 제사장 직분의 언약 ······· 120
16. 새 언약의 일꾼 ············ 128
17. 주의 거룩한 언약 ··········· 136
18. 마음을 다하여 언약에 참여함 ····· 144
19. 제 2의 복 ··············· 153
20. 조지 뮬러와 제 2의 복 ········ 160
21. 캐논 배터스비와 제 2의 복 ······ 167
22. 아무것도 스스로 할 수 없나니 ···· 171
23. 마음을 다하는 것 ··········· 177

1 언약의 하나님

"그런즉 너는 알라 오직 네 하나님 여호와는 하나님이시요 신실하신 하나님이시라 그를 사랑하고 그 계명을 지키는 자에게는 천 대까지 그 언약을 이행하시며 인애를 베푸시되"(신 7 : 9).

사람들은 종종 계약(언약)을 맺습니다. 그들은 언약을 맺음으로 생기는 유익을 압니다. 적대감이나 상호간의 불신을 그치게 하는 수단으로, 그 대가로 얻게 될 도움이나 이익을 알리는 것으로, 약속한 행위를 이행할 것에 대한 보증으로, 친교나 우정을 맺는 끈으로 완벽한 확신을 얻기 위한 근거로서 계약은 종종 말할 수 없이 중요한 가치를 지닙니다.

하나님은 연약하고 부족한 사람의 수준까지 자신을 낮추심으로써 온갖 가능한 방법을 동원하시어 자신을 온전히 신뢰하게 하셨으며, 그 무한하신 부요함과 능력으로 우리에게 이루시겠다고 약속하신 모든 것에 대해 충분한 확신을 주고자 하셨습니다. 그것은 마치 하나님이 신뢰받을 수 없는 분이기나 되듯이 하나님 자신을 언약으로 묶어두기로 하셨다는 이야기나 마찬가지입니다. 하나님을 진정 언약의 하나님으로 받아들이고, 그 언약이 약속하는 바를 아는 사람은 복된 사람입니다. 하나님의 언약은 언약의 모든 조항들을 우리에게 이루실 것이라는 참으로 흔들림 없는 확신을 보장하여 줍니다! 또한 하나님의 언약은 언약을 지키시는 하나님께 요구할 권리와 자격을 우리에게 부여해 줍니다! 언약 안에 살아 있는 참된 신앙은 언약에 관하여 한 번도 배워본 적이 없는 수많은 사람들의 삶을 완전히 뒤바꿔 놓을 것입니다. 하나님께서 나를 위해 하시고자 하는 바를 모두 아는 것과 그러한 일이 전능하신 능력으로 이루어지리라는 확신과, 개인적으로 굴복하고 의지하고 하나님의 일이 이루어지길 기다리면서 하나님께 나아가는 것 이러한 모든 것들이 바로 언약을 하늘에 들어가는 문으로 삼게 하는 것입니다. 성령께서 언약의 영광에 관한 통찰력을 주시기를 바랍니다.

하나님이 자기 형상과 모습대로 사람을 창조하실 때, 가능한 한 하나님과 유사한 생명을 누리며 살도록 사람을 지으셨습니다. 이 일은 하나님께서 사람 안에 사시고 역사하심으로 직접 이루시기로 되어 있던 일입니다. 따라서 사람은 신령한 삶이 나타내는 것을 받아들이고 간직하며 나타내는 자가 되는 영광을 기꺼이 믿으며 자신을 굴복시키도록 창조되었습니다. 사람이 행복해지는 한 가지 비결은 자신의 전체를 하나님께 굴복시키고 하나님의 뜻과 역사하심을 믿을 때에 발견하게 됩니다. 죄가 들어왔을 때 그러한 관계는 깨어졌으며, 사람은 불순종하여 하나님을 두려워하게 되었고 하나님에게서 달아났습니다. 그리하여 더 이상 하나님을 알지도 사랑하지도 신뢰하지도 않게 되었던 것입니다.

사람은 혼자 힘으로는 죄의 세력으로부터 빠져 나올 수가 없습니다. 구속이 효과가 있으려면 하나님께서 모든 일을 하셔야만 합니다. 하나님께서 사람의 본성의 법과 조화를 이루시면서 우리를 구속하시기로 되어 있다면, 사람은 구속을 소망하게 되고 기꺼이 자신을 굴복시키며 하나님께 자신을 맡기게 될 것이 틀림없습니다. 하나님께서 사람에게 바라시는 것은 오로지 하나님을 믿는 일뿐이었습니다. 사람이 믿는 바는 그 사람의 몸과 영혼을 움직이고 다스리며, 그 사람과 관계를 맺으며 바로 그 사람의 삶의 한 부분이 되어 버립니다. 구원은 믿음으로만 이루어질 수 있습니다. 구원은 하나님께서 잃었던 생명을 사람에게 되찾아 주시는 행위입니다. 사람은 믿음으로 자신을 굴복시켜 하나님의 일과 뜻에 믿음으로 자신을 맡겨야 합니다. 하나님께서 하신 첫째되는 가장 위대한 일은 사람이 하나님을 믿도록 하시는 일이었습니다. 이 일을 위해 하나님은 우리가 생각할 수 있는 것보다도 더 많은 염려를 하시고 시간을 쏟으셨으며 또한 오래 참으셨습니다. 하나님은 개인이나 이스라엘 백성을 대하시는 모든 일들에서 오로지 한 가지 목적, 곧 하나님을 신뢰하는 것만을 가르치려고 하셨습니다. 불신앙보다 더 하나님을 모독하고 슬프게 해드리는 일은 없었습니다. 불신앙은 불순종과 모든 죄악의 뿌리였으며 하나님께서 일하실 수 없도록 하였습니다. 약속과 위협으로, 때로는 자비와 심판으로 하나님께서 사람들에게 일깨워 주시려고 하셨던 단 한 가지는 믿음이었습니다.

하나님께서 인내하시면서 겸손하신 은혜로 믿음을 일깨우

고 굳게 하시기 위해 사용하셨던 많은 방편들 가운데 중요한 것이 **언약**이었습니다. 하나님은 여러 가지 방법으로 언약을 통해 우리 믿음에 영향을 주시려고 하셨습니다. 하나님의 언약은 무엇보다도 하나님께서 언약을 맺으신 사람들에게서 기꺼이 이루시려는 바를 분명한 약속으로 제시하면서 **항상 하나님의 목적을 나타내었습니다.** 또한 언약은 사람들에게 유익을 끼치려고 행하시고자 하는 일의 신적인 방식이었습니다. 이로써 사람들이 바라고 기대해야 할 것이 무엇인지 알게 하셨습니다. 즉 보이지는 않지만 하나님께서 역사하고 계시는 것들로 인해 믿음이 자라게 하시려는 하나님의 방식이었습니다. 다음으로 언약은 **보증**이 되는 것을 의미하였습니다. 하나님의 영광은 언약을 단순하고 알 수 있도록 하실 수 있었습니다. 그리하여 하나님께서 약속하신 일들이 언약 관계에 들어간 사람들에게 실제로 일어나고 성취되었던 것입니다. 모든 것이 지체되는 가운데 좌절감을 느끼며 하나님의 언약이 이루어지지 않은 것처럼 보이는 중에도 언약은 약속하신 바를 분명히 이루신다는 하나님의 신실하심, 성실하심과 불변하심을 보증하는 영혼의 닻이 되어야만 합니다. 따라서 언약은 무엇보다도 **하나님을 언약을 지키시는 분으로 붙잡게** 하며, 기대와 소망을 품고 하나님과 결합하게 하며, 하나님만을 영혼의 분깃과 능력으로 여기게 하는 것입니다.

아, 하나님께서 우리가 당신을 신뢰하기를 얼마나 바라시는가와 당신을 신뢰하는 자들 안에서 하나님의 모든 약속들이 얼마나 분명하게 이루어지는가를 안다면! 우리가 하나님의 약속을 붙들지 못하고 하나님께서는 우리 안에서 우리를 위해서 우리를 통해서 전능하신 역사를 이루실 수 없는 (그렇습니다. 이루실 수가 없습니다!) 까닭은 순전히 **우리 자신의 불신앙** 때문임을 안다면 얼마나 좋겠습니까! 아, 하나님께서 주신 치료책으로서 우리 자신의 불신앙을 가장 확실하게 치료하는 것 가운데 하나가 바로 하나님께서 우리와 맺으신 언약이라는 것을 우리가 안다면 좋겠습니다! 성령의 사역, 곧 그리스도 안에서 이루시는 은혜의 섭리인 우리의 모든 영적 생활과 교회의 강건함과 성장이 새 언약 속에 마련되고 보증되었습니다. 우리는 새 언약에 대해 거의 생각지 않으며, 하나님을 거리낌없이 온전히 신뢰하라는 새 언약의 요구를 아주 미미하게 이해하고 있으며, 새 언약이 주장하는 전능하신 하나님의 신실하심을 거의 시험해 보지도 않습니다. 그러므로 그리스도인이 하나님께서 누리도록 계획하시고 그토록 분명하게 약속하셨던 기쁨과 능력을, 거룩함과 신성함을 누리지 못한다고 해서 조금도 이상할 게 없습니다.

언약을 지키시는 하나님을 알고 예배하며 믿으라고 이르시는 하나님의 말씀에 귀를 기울입시다. 그리하면 우리가 추구하던 바, 하나님께서 은혜로써 우리 안에서 행하실 수 있는 모든 것을 깊고도 충만하게 경험하게 될 것입니다. 본문 말씀에서 모세는 "**그런즉 너는 알라** 오직 네 하나님 여호와는 하나님이시요 **신실하신 하나님이시라** 그를 사랑하고 그 계명을 지키는 자에게는 **그 언약을 이행하시며** 인애를 베푸시되" 하고 이야기합니다. 이사야 54 : 10 말씀에 귀기울여 봅시다. "산들은 떠나며 작은 산들은 옮길지라도 나의 인자는 네게서 떠나지 아니하며 **화평케 하는 나의 언약은 옮기지 아니하리라 너를 긍휼히 여기는 여호와의 말이니라.**" 언약하신 약속 하나하나를 이루심은 움직이지 않는 어떠한 산보다도 더욱 확실한 것입니다. 새 언약에 관해 예레미야 32 : 40에서 하나님은 다음과 같이 말씀하셨습니다. "내가 그들에게 복을 주기 위하여 **그들을 떠나지 아니하리라 하는 영영한 언약을 그들에게 세우고 나를 경외함을 그들의 마음에 두어 나를 떠나지 않게 하고.**" 언약은 하나님도 우리를 떠나지 않으시며 우리도 하나님을 떠나지 않으리라는 것을 똑같이 보증합니다. 하나님은 하나님 자신과 우리를 위해 이 두 가지 사실을 보장하십니다.

그리스도인의 삶에서 특히 믿음이 부족한 까닭은 언약을 무시하였기 때문이 아닌가 진지하게 물어봅시다. 아마도 우리가 언약을 지키시는 하나님을 신뢰하고 예배하지 못했을 수도 있습니다. 우리 영혼이 하나님께서 "내 언약을 붙잡고", "내 언약을 기억하라"고 명령하신 것을 하지 않았으니, 우리 믿음이 실패하고 축복을 받기까지 자라지 못하는 것이 이상할 까닭이 있습니까? 하나님은 우리 안에서 자신의 약속을 이루실 수 없었습니다. 우리의 기업에 대한 권리증서가 되는 언약의 조건들과 바로 이 땅에서 우리가 누리게 될 부요함을 곰곰이 생각하기 시작한다면 우리의 삶은 변화될 수밖에 없습니다. 또한 그 언약의 성취를 영원한 산들의 기초보다 더욱 확실한 것으로 생각한다면, 우리를 위해 뜻을 세우시고 자신의 언약을 언제까지나 지키시는 하나님께로 돌아간다면 우리의 삶은 변화될 수밖에 없는 것입니다. 우리 삶은 모든 것이 하나님께서 이루시는 대로 될 수 있으며, 그렇게 될 것입니다.

　우리의 영적인 삶에서 전적으로 필요한 것은 하나님을 더욱 더 구하는 것입니다. 우리 그리스도인의 삶은 구원을 하나님께서 주시는 선물로 받아들이면서부터 시작되었습니다. 그렇지만 구원의 유일한 목적, 곧 구원을 통해 얻는 가장 큰 복이 창조 때에 누렸던 **하나님과의 친밀한 교제**를 회복하도록 준비시켜 주는 것이며, 그러한 교제 속에서 영원히 우리이 영광을 찾게 될 것이라는 사실을 우리는 깨닫지 못하고 있는 듯합니다. 하나님께서 언약을 맺으실 때 자기 백성을 위해 이제껏 하신 모든 일들은 언제나, 백성들에게 중요하고도 유일한 행복으로서 백성들을 하나님께로 돌아오게 하시고, 백성들을 가르쳐 하나님을 신뢰하게 하시고, 하나님 안에서 기뻐하게 하시며, 하나님과 하나되게 하시는 일이었습니다. 그밖에 다른 일은 있을 수 없습니다. 하나님께서 정말로 선하심과 영광의 근원이시며 아름다움과 축복의 근원이시라면 하나님의 임재를 경험하면 할수록 우리는 더욱 더 하나님의 뜻에 순종하게 되고, 하나님을 섬기는 일에 참여하면 할수록 우리는 더욱 더 하나님을 우리 안에서 모든 것을 다스리시고 역사하시는 분으로 여기게 되며 진실로 더 더욱 행복해질 것입니다. 하나님께서 실제로 생명과 힘을, 거룩함과 행복을 만드시고 소유하고 계신 분이며 하나님만이 우리 안에 그러한 것들을 베풀고 역사하실 수 있다면, 하나님을 더 잘 신뢰하고 섬길수록 우리는 더욱 강해지고 경건해지며 행복해 질 것입니다. 이러한 삶만이 우리를 매일 매일 하나님 앞으로 가까이 나아가게 하며 하나님 말고 다른 것을 더 가지려는 욕심을 포기하게 하는 참된 영적인 삶인 것입니다. 하나님이 자신에게 가장 중요한 분이며 넘치는 기쁨인 영혼에게는 엄격한 복종이라는 것도, 맹목적인 의존이라는 것도, 절대적인 굴복이라는 것도, 무조건적인 확신이라는 것도 있을 수 없습니다.

 우리와 언약을 맺으실 때, 하나님이 세우신 한 가지 목적은 우리를 자신에게로 이끄시되, 우리가 전적으로 하나님을 의지하도록 하여 하나님께서 우리를 하나님 자신과 우리를 향하신 사랑과 복으로 채우실 수 있는 올바른 상태와 위치로 이끄시려는 것이었습니다. 어떠한 수고가 들더라도 정직하고 순종하는 마음으로 새 언약을 살펴봅시다. 그리하여 하나님께서 우리가 어떤 사람이 되길 바라시는가와 우리 안에서 무슨 일을 하시려는지 알고 우리가 하나님을 향하여 어떤 일을 하길 바라시는지를 알아봅시다. 새 언약은 하나님의 얼굴과 마음까지 바라보게 하는 하늘의 창들 가운데 하나가 될 것입니다.

2 두 가지 언약과 상호간의 관계

"기록된 바 아브라함이 두 아들이 있으니 하나는 계집 종에게서, 하나는 자유하는 여자에게서 났다 하였으나 계집 종에게서는 육체를 따라 났고 자유하는 여자에게서는 약속으로 말미암았느니라 이것은 비유니 이 여자들은 두 언약이라"(갈 4 : 22-24).

언약에는 옛 언약이라고 부르는 것과 새 언약이라고 하는 두 가지가 있습니다. 하나님은 예레미야서에서 "나 여호와가 말하노라 날이 이르리니 내가 이스라엘 집과 유다 집에 새 언약을 세우리라 … 이 언약은 내가 그들 열조의 손을 잡고 인도하여 내던 날에 세운 것과 같지 아니할 것은" 하는 말씀으로 이 두 언약을 아주 뚜렷하게 구분지어 이야기하십니다. 이 말씀은 "새 언약이라 말씀하셨으매 첫 것은 낡아지게 하신 것이니" 하는 말씀과 더불어 히브리서 8장에서 인용되어 있습니다. 우리 주님은 새 언약에 대해 말씀하셨습니다. 새 언약은 그리스도의 피 안에 있는 것입니다.

자기 백성을 대하시고, 하나님의 위대한 구속 사역을 이루실 때에, 두 언약이 있어야 한다는 것은 하나님의 기쁘신 뜻이었습니다. 두 언약이 있어야 한다는 것은 임의로 결정하셨던 것이 아니라 두 언약이 꼭 있어야 하는 마땅한 근거가 충분히 있었던 것입니다. 이처럼 두 언약이 있어야 하는 근거와 신령한 타당성에 대해 알고, 그리고 그 두 언약에 대해 우리가 더 분명히 알게 될수록 우리는 새 언약이 우리에게 뜻하는 바가 무엇인지를 개인적으로 더 자세하고 진실되게 이해할 수 있을 것입니다. 두 언약은 하나님께서 사람을 대하시는 두 단계와 하나님을 섬기는 두 가지 방법을 보여줍니다. 즉 준비하시고 약속하시는 보다 낮은 기본적인 단계와, 이루시고 소유하시는 더 발전된 단계를 나타냅니다. 두 번째 단계의 영광이 우리에게 나타날수록 우리는 영적으로 하나님께서 우리를 위해 마련하신 것을 이해할 수 있게 됩니다.

왜 두 가지 언약이 있어야만 했던가를 이해하려면 하나님과 사람 사이의 관계에는 두 가지 입장이 있다는 것과, 두 입장 모두 언약 속에서 자신들의 역할이 무엇인가 입증할 기회를 가져야 한다는 것을 기억할 필요가 있습니다. 옛 언약에서 사람은 하나님께서 베푸실 수 있는 온갖 은혜로 말미암아 자기가 할 수 있는 바를 증명할 기회가 있었습니다. 옛 언약은 결국 사람이 불성실하고 실패하였음을 입증하였습니다. 새 언약을 통해 하나님은 불성실하고 연약한 사람과 더불어, 하나님 자신이 **모든 일을 하실 분으로** 인정받고 신뢰받을 때에 하실 수 있는 일을 입증하실 것입니다. 옛 언약은 사람의 순종에 의지하였던 것으로서 사람이 깨뜨릴 수 있었던 것이었으며 또한 실제로 사람은 그 언약을 깨뜨렸습니다(렘 31:32). 새 언약은 하나님께서 관여하셨으며 결코 깨어지지 않을 언약이었습니다. 하나님께서 직접 그 언약을 지키시고 우리가 그 언약을 지켜나갈 수 있도록 보장해 주심으로, 하나님은 새 언약을 영원한 언약으로 만드십니다.

다음과 같은 점을 잘 살펴보면 아주 많은 유익을 얻게 될 것입니다. 언약을 통한 타락한 인간과 하나님과의 관계는, 창조주로서 타락하지 않았던 인간과 가졌던 관계와 같은 것입니다. 그렇다면 타락하기 전의 인간과 하나님이 가졌던 관계란 어떤 것이었습니까? 하나님은 사람을 자기 형상과 모습대로 지으려고 작정하셨습니다. 하나님의 가장 큰 영광은 사람 안에 자기 생명이 있다는 것이며, 다른 모든 것과 상관없이 오로지 사람을 통해서만 하나님이 어떠한 분이신가를 나타내려고 하셨습니다. 하나님의 형상과 모습이 단지 이름뿐이 아니라 사람이 실제로 그렇게 되게 하시는 능력으로 말미암아 하나님처럼 된다면, 사람은 자유로운 의지와 의사를 결정하는 능력을 가지고 있음이 틀림없습니다. 이 점이 바로 하나님께서 사람을 자기 형상대로 창조하셨을 때 해결하셔야 했던 문제였습니다. 사람은 하나님이 만드신 창조물이 되어야 했지만, 피조물로서 할 수 있는 한 자기 힘으로 하나님을 닮아가야 했습니다. 하나님께서 사람을 대하시는 모든 문제에서 다음 두 가지 점을 끊임없이 고려해야 합니다. 하나님은 계속해서 주도권을 지니셔야 하며, 사람의 삶에 근원이 되셔야 했습니다. 인간은 계속해서 받아들이는 역할을 하면서 동시에 하나님께서 부여하신 삶을 꾸려 나아가야 했습니다.

사람이 죄로 인해 타락하였고 하나님께서 구원의 언약을 체결하셨을 때에, 이러한 관계의 두 가지 측면은 손상되지 않은 채 유지되어야 했습니다. 언제나 하나님이 우선이 되어야 하며 사람이 그 다음이 되어야 했습니다. 그렇지만 하나님의 형상을 입은 사람은 하나님께서 주신 것을 받아들여 사용하거나 거절할 기회를 충분히 가져, 자기 스스로 얼마나 자기를 도울 수 있으며 실제로 자신이 이룰 수 있는 것이 얼마나 되는가를 시험해 보아야 했습니다. 하나님을 절대적으로 의지해야 하는 일이 강요가 되어서는 안되었습니다. 사람이 하나님을 절대적으로 의지하는 일이 정말로 도덕적인 가치가 있으며 참된 축복을 받는 일이라면, 그 일은 기꺼운 마음에서 자발적으로 하는 선택이 되어야 합니다. 이러한 점이 바로 어째서 첫번째 언약과 두번째 언약이 있어야 하는가 하는 이유입니다. 첫번째 언약에서, 인간은 자신의 갈망과 노력을 십분 발휘할 수 있었을 것이며 그 기간 동안에 외부적인 지시와 기적과 은혜의 수단들을 도움으로 받으면서 사람의 힘으로 이루어 낼 수 있는 바를 완전히 입증하였을 것입니다. 인간이 죄의 권세 아래서 철저히 무력하고 어찌할 수 없게 되었을 때 새 언약이 나타났으며, 새 언약을 통해 하나님은 **하나님께서 자기 안에 계시고 자기 안에서 모든 일을 하심**을 온전히 절대적으로 믿을 때에 사람의 고귀함과 하나님의 형상이 나타나리라는 것을 계시하셨습니다.

본질상 이러한 방법은 하나님께서 자신과 같은 의지 능력을 주신 사람을 다루실 수 있는 유일한 방법이었습니다. 자기 백성을 전체로 다루실 때 나타나는 하나님의 절차는 개인을 다루실 때와 똑같습니다. 두 가지 언약은 하나님께서 인간을 가르치시는 것과, 인간이 하나님을 찾는 것에 관한 두 단계를 나타냅니다. 1단계에서 2단계로 진전되는 변화과정은 단지 연대기적이거나 역사적인 것이 아니라 조직적이고도 영적인 것입니다. 정도가 어떠하든 그러한 양상은 전체를 이루는 한 몸에서뿐 아니라 한 몸을 이루고 있는 각 지체들에게도 나타납니다. 옛 언약 아래서도 미리 다가올 구속의 능력이 강하게 역사한 사람들이 있었습니다. 새 언약 시대에서도 옛 언약의 영이 계속해서 나타나는 사람들도 있습니다. 신약 성경은 유명한 몇몇 서신들, 그중에서도 특별히 갈라디아서, 로마서, 히브리서 등을 통해 새 언약 안에서 어떻게 계속해서 옛 언약의 굴레 속에 단단하게 붙들려 있을 수 있는지를 입증합니다.

이것이 본문을 뽑은 단락이 주는 가르침입니다. 아브라함의 가정에는 이스마엘과 이삭 두 사람이 나타나는데, 한 사람은 종에게서 난 자요 나머지 한 사람은 자유하는 여자에게서 난 자입니다. 한 사람은 육체를 따라 사람의 뜻을 좇아 난 자요 나머지 한 사람은 하나님의 약속과 능력으로 난 자입니다. 한 사람은 잠깐 동안 있다가 내어 쫓김을 당한 자요 나머지 한 사람은 모든 유업을 얻은 자였습니다. 이것은 갈라디아 사람들이 살아가야 할 바를 비유적으로 묘사한 것이었습니다. 갈라디아 사람들은 육체와 육체의 종교를 신뢰하여 보기에는 그럴 듯해 보였으나, 죄의 포로가 됨으로써 자유하는 여자가 아니라 계집 종에게 속하였음을 나타내었습니다. 하나님의 약속과 강하게 소생시키시는 능력을 믿음으로써만 갈라디아 사람들은 참으로 온전히 자유케 될 수 있었으며 그리스도께서 우리를 자유케 하신 자유함 가운데 설 수 있었습니다.

갈라디아서와 성경의 다른 부분들을 통해 두 가지 언약에 관해 공부해 나가다 보면, 그 두 언약이 어떻게 해서 실제로 예배의 두 가지 형식을 신령하게 계시해 주는가를 깨닫게 될 것입니다. 두 가지 예배 형식은 각각 그리스도인임을 고백하는 모든 신앙인을 지배하는 영의 원칙이나 삶의 원칙을 갖추고 있습니다. 또한 그토록 많은 그리스도인들이 연약한 커다란 이유가 옛 언약의 구속하는 영이 아직 지배하고 있기 때문이라는 것을 알게 될 것입니다. 그리고 새 언약이 약속하는 **하나님께서 우리 안에서 역사하실 것**이라는 모든 사실을 온 마음으로 받아들이고 생생하게 경험하는 것과 더불어 영적인 통찰력이 있어야만 하나님께서 바라시는 대로 행하도록 우리를 이끌 수 있음을 깨닫게 될 것입니다.

우리가 하나님을 섬기는 데 두 가지 단계가 있다는 이러한 진리는 옛 언약의 예배에서 여러 가지 것들로 예표되고 있는데, 아마도 두 장소를 나누는 휘장을 갖춘 성소와 지성소의 차이에서보다 더 명백히 예표되어 있는 곳은 없을 것입니다. 제사장들은 하나님께 가까이 나아가기 위해 언제나 성소에 들어갈 수 있었습니다. 그렇지만 너무 가까이는 나아갈 수 없도록 되어 있었기 때문에, 휘장이 일정 거리 이상 나아가지 못하게 가로막고 있었습니다. 휘장 안으로 들어가면 죽음을 당했습니다. 일년에 한 번씩 대제사장이 휘장을 제치고, 하나님의 백성이 하나님의 임재 가운데 머물기 위해 완전히 나아가도록 하나님이 정해놓으신 때에 약속에 따라 휘장 안으로 들어갈 수 있도록 되어 있었습니다. 그리스도의 죽으심으로 성막의 휘장은 찢어졌고, 그리스도의 보혈은 우리에게 지성소로 들어가 날마다 하나님께서 직접 임재하시는 곳에서 살 수 있는 담대함과 능력을 주십니다. 우리가 하나님께서 우리 안에 계심을 인식하면서 살고 행할 수 있는 능력을 가질 수 있는 것은, 그리스도께서 우리에게 생명을 주시고 우리와 하나되게 하시려고 들어가셨던 지성소에서 나오신 성령을 통해서입니다.

따라서 두 가지 언약 곧 종의 영과 자유케 하는 영은 아브라함의 집에만 있는 것이 아니라 성막 안의 하나님의 집에도 있습니다. 제사장들은 아버지 하나님이 임재하시는 곳에 자유롭게 나아가지 못했습니다. 갈라디아 사람들 사이에서 뿐만 아니라 교회 내에서도 두 부류의 그리스도인들이 나타날 수 있습니다. 절반은 육을 좇고 절반은 영을 좇으며, 반은 자기가 애쓰고 반은 은혜로 사는 혼합된 삶에 만족하는 사람들이 있는가 하면 이러한 삶에 만족하지 않고 죄에서 완전히 벗어나는 법과 하나님의 임재 안에서 행하는 능력을 유지하는 법을 알고자 전심으로 애쓰는 사람들도 있습니다. 그러한 능력은 새 언약이 주었고, 줄 수 있습니다. 하나님은 우리 모두를 도우셔서 아무 부족함이 없도록 우리를 만족케 하십니다.

3 첫 언약

"너희가 내 말을 잘 듣고 내 언약을 지키면 너희는 열국 중에서 내 소유가 되겠고"(출 19:5).

"여호와께서 그 언약을 너희에게 반포하시고 너희로 지키라 명하셨으니 곧 십계명이며"(신 4:13).

"너희가 이 모든 법도를 듣고 지켜 행하면 네 하나님 여호와께서 네 열조에게 맹세하신 언약을 지켜 네게 인애를 베푸실 것이라"(신 7:12).

"나 여호와가 말하노라 보라 날이 이르리니 내가 이스라엘 집과 유다 집에 새 언약을 세우리라 … 내가 그들의 열조의 손을 잡고 애굽 땅에서 인도하여 내던 날에 세운 것과 같지 아니할 것은 … 그들이 내 언약을 파하였음이니라"(렘 31:31, 32).

두 가지 언약이 있어야 하는 이유는, 사람의 운명을 결정해 나갈 때에 하나님과 인간의 의지에 각각 마땅한 자리를 마련해 줄 필요가 있다는 것에서 찾아보아야 한다는 것을 알았습니다. 하나님께서 언제나 주도권을 갖고 계십니다. 사람은 자기가 할 부분을 하고, 자신이 할 수 있거나 자신이 했어야 할 일이 무엇인지를 알아보기 위한 기회가 있어야 합니다. 옛 언약은 사람의 갈망을 일깨우고 노력을 불러일으키며 하나님을 의지해야 한다는 생각을 굳혀주며, 죄와 영적으로 무력함을 확신하게 하고 그리하여 그리스도를 통한 구원이 필요하다는 것을 알도록 하는 데 절대 필요한 것입니다. 바울이 한 뜻깊은 말을 살펴보면 다음과 같습니다. "율법이 우리를 그리스도에게로 인도하는 몽학 선생이 되어." "우리가 율법 아래 매인 바 되고 계시될 믿음의 때까지 갇혔느니라." 옛 언약을 정확히 이해하려면 옛 언약이 지니는 위대한 특징을 항상 기어해아 합니다. 한 가지는 옛 언약이 하나님이 정하신 것으로 하나님의 목적을 이루시는 데 **절대적으로 필요한** 언약으로 복을 가져오는 언약이라는 것이며, 또 다른 한 가지는 옛 언약은 더욱 고귀한 어떤 것을 준비하기 위한 일시적인 것일 뿐이어서 사람의 마음이나 하나님의 마음에 흡족할 만한 사람에게 필요한 온전한 구원을 주기에는 **절대적으로 부족한** 언약이었다는 점입니다.

이제, 첫 언약에 나타난 조건들을 주목합시다. "너희가 내 말을 잘 듣고 내 언약을 지키면…너희가 거룩한 백성이 되리라"(출 19:5, 6). 혹은 예레미야(7:23;11:4)에는 다음과 같이 나타나 있습니다. "내 목소리를 들으라 그리하면 나는 너희 하나님이 되겠고." 어디서나, 특별히 신명기에서는 순종이 복의 조건처럼 보입니다. "들으면 복이 될 것이요"(신 11:27). 사람이 지키지 못하리라는 것을 아시면서 어떻게 하나님께서 언약을 맺으실 수 있는가 묻는 사람이 있을 수도 있습니다. 그에 관한 답은 옛 언약이 지니는 모든 특징과 목적을 우리에게 열어보입니다. 신령한 것이든 인간적인 것이든간에 모든 교육은 항상 한 가지 원칙, 곧 '작은 것에 충성하면 반드시 더 큰 것을 얻게 된다'에 따라 이루어집니다. 하나님은 이스라엘 백성을 훈련시키실 때에 그들이 죄로 인한 온갖 실패에도 그들 마음속에 여전히 선악을 분별하는 인식과 하나님을 찾도록 뜨거워질 수 있는 마음과 선한 것과 하나님을 택하는 의지를 갖고 있는 것으로 대우하셨습니다. 그리스도와 그리스도를 통한 구원이 계시되고 그것을 알아 진정으로 받아들이기 전에 사람이 가진 그러한 능력들을 일깨우고 분발시켜야만 했습니다. 율법은 사람들에게 그러한 훈련을 시켜주었으며, 이렇게 표현해도 된다면 외부적인 지침을 통해서 사람들을 가능한 한 가장 훌륭하게 만드려고 하였습니다. 상징적인 속죄와 용서를 나타내시기 위해 율법에 조항을 만드시고, 제사장과 선지자와 왕을 통해서 하나님 자신을 모두 계시하시고, 은혜와 섭리로 개입하심으로써 자기 백성의 마음을 감화시키시고 설득하셔서 사람들의 이기심이나 감사하는 마음, 두려움이나 사랑을 드러내기 위해 하실 수 있는 일을 모두 하셨습니다.

율법의 역할은 열매 없는 것이 아니었습니다. 율법 아래서는 많은 성도들이 단련을 받았는데 그들은 항상 율법에 따라 나타나는 은혜의 지배를 받아 하나님을 경외하고 하나님의 모든 명령에 따라 온전히 행하려고 하는 위대한 특징을 지닌 사람들이었습니다. 그렇지만 전체적으로 성경에서는 옛 언약을 실패한 것으로 나타냅니다. 율법은 생명을 약속하지만 생명을 줄 수는 없었습니다(신 4:1; 갈 3:21). 하나님께서 율법을 주신 실제 목적은 아주 반대의 것이었습니다. 하나님은 율법을 "죽게 하는 직분"(고후 3:7)으로 주셨던 것입니다. 하나님은 사람이 죄를 깨닫고 자신이 영적으로 무능하다는 것과 새 언약과 참된 구속이 필요하다는 고백을 하도록 일깨우시려고 율법을 주셨습니다. "율법으로 **죄를 깨달음**이니라 모든 입을 막고 온 세상으로 하나님의 심판 아래 있게 하려 함이니라", "율법은 **진노를 이루게 하나니**", "율법이 가입한 것은 **범죄를 더하게 하려 함이라**", "계명으로 말미암아 죄로 **심히 죄되게 하려** 함이니라", "무릇 율법 행위에 속한 자들은 **저주 아래 있나니**", "우리가 율법 아래 매인 바 되고 계시될 믿음의 때까지 갇혔느니라", "이같이 율법이 우리를 그리스도에게로 인도하는 몽학 선생이 되어 우리로 하여금 믿음으로 의롭다 함을 얻게 하려 함이니라." 율법이 하는 가장 위대한 일은 죄가 무엇인지 드러내어 곧 죄란 하나님께 저주받은 증오할 만한 것으로, 일시적으로 작용했다가 영원한 멸망을 가져다주는 비참한 것이며, 사람을 어쩔 수 없는 노예 상태에 매어두는 힘을 가지고 있는 것임을 드러내어 구원에 대한 유일한 희망으로 하나님의 간섭하심을 필요로 하도록 만드는 것입니다.

   옛 언약을 공부할 때에는 성경이 뜻하는 이러한 이중적인 의미를 마음에 새기고 있어야 합니다. 이스라엘에게 율법을 주시고 율법을 통해 믿는 개인이나 백성 전체에게 율법의 목적을 이루게 하신 것은 하나님의 은혜였습니다. 옛 언약은 전체가 그리스도 예수 안에 있는 은혜와 진리의 충만함을 준비하는 은혜의 학교, 그것도 국민학교입니다. 사물의 이름은 일반적으로 그 물건이 지니는 중요한 특징에 따라 붙여집니다. 그것과 마찬가지로 옛 언약은 정죄하게 하며 죽게 하는 직분이라고 하는데, 이렇게 부르는 것은 옛 언약 안에 은혜가 없기 때문이 아니라(옛 언약에도 영광이 있었습니다 〈고후 3:10-12〉) 저주가 두드러진 특징을 이루고 있었기 때문이었습니다.

이러한 두 가지 측면은 특별히 바울 서신에서 분명하게 찾아볼 수 있습니다. 그래서 바울은 "율법의 행위에 속한" 모든 사람들을 저주 아래 있는 자들로 이야기합니다(갈 3:10). 그리고는 곧이어 바울은 율법을 우리를 그리스도께 인도하는 몽학선생이나 후견인이나 청지기로 설명하면서 아버지의 정하신 때까지 우리가 율법 아래 있다고 이야기합니다. 앞에서 늘 했던 이야기로 되돌아갑니다. 옛 언약은 옛 언약이 해야 하는 준비의 역할을 하기 위해 절대적으로 필요한 언약이지만, 참되고 온전한 구원을 이루어 주기에는 전적으로 부족한 언약입니다.

옛 언약을 통해서 하나님께서 우리에게 가르쳐 주시려는 두 가지 큰 교훈은 아주 간단합니다. 한 가지는 **죄**에 대한 교훈이며 또 한 가지는 **거룩함**에 대한 교훈입니다. 옛 언약은 사람들에게 자신들이 철저한 죄인인 것과 스스로의 힘으로는 아무리 해도 구원받을 수 없음을 확신하게 할 때 비로소 그 목적을 이루는 것입니다. 그러한 사실을 깨닫지 못하는 한, 새 언약의 생명이 그들을 사로잡을 수가 없습니다. 죄짓는 것으로부터 벗어나고자 하는 강렬한 열망을 갖게 되지 않는 한, 율법과 육체의 권세 아래로 다시 빠져들 것은 당연합니다. 새 언약이 제시하는 거룩함은 매혹적이기보다는 힘겹게 하는 것이 될 것이며, 종의 영 안에서 사는 삶은 순종하는 것이 불가능하다고 생각하기 때문에 죄를 더 많이 허용하는 것처럼 보입니다.

또 한 가지 교훈은 거룩함입니다. 새 언약에서는 삼위 일체 하나님이 함께 관여하시면서 모든 일을 하십니다. 삼위 일체 하나님께서는 새 마음을 주시고 유지시키며, 그 마음속에 자신의 영을 주시며, 하나님의 뜻에 순종하여 행하는 의지를 주십니다. 첫 언약이 요구하였던 것이 죄를 깨닫는 것이었듯이, 새 언약이 요구하는 위대한 한 가지는 하나님이 율법으로 단련받아 필요하다고 깨닫게 된 것이 신령하고도 초자연적인 방법으로 충족되리라는 믿음을 갖는 것입니다. 율법은 율법으로 말미암아 하나님을 기쁘시게 해드리려는 마음을 포기하지 않는 한 그 목적을 이룰 수가 없습니다. 이러한 마음을 포기하지 않는 한 하나님의 거룩하심 앞에서 사람은 죄인이며 무력한 존재이기 때문입니다. 이러한 와중에서 새 언약은 죄인을 찾아 동일한 하나님께서 그를 받아들이시고 그 은총으로 자신의 거룩하심에 참여하도록 만드신다는 것을 계시해 줍니다.

이 책은 아주 실제적인 목적으로 쓴 책입니다. 이 책의 목적은 하나님께서 신자들과 맺으신 은혜롭고 놀라운 새 언약을 **알게** 하여, 새 언약이 보장하는 복된 삶을 날마다 누리며 살도록 이끌기 위한 것입니다. 첫 언약이 있었으며, 첫 언약이 하는 특별한 역할은 죄를 깨닫게 하는 것이며 죄에 대한 깨달음이 없이는 새 언약이 올 수 없다는 사실을 가르치는 실제적인 교훈은 바로 대부분의 그리스도인들이 필요로 하는 것입니다. 신자들은 회심할 때에 성령의 도우심으로 죄를 깨달았습니다. 그렇지만 그것은 주로 죄책감과 관계 있는 것으로 죄를 미워하는 것과도 관계 있다고 할 수 있습니다. 그렇지만 죄의 권세와, 스스로의 힘으로는 아무리 해도 도저히 죄를 물리치지 못한다는 것이나 자기 안에서는 선한 것을 할 수 없다는 것을 처음에는 깨닫지 못했던 것입니다. 이러한 사실을 깨닫기까지는 새 언약이 베푸는 복 속으로 완전히 들어갈 수 없습니다. 하나님의 의로우신 요구를 자기 스스로의 힘으로는 지켜 행할 수 없음을 깨닫게 되는 때에 비로소 신자는 새 언약이 주는 약속을 받아들이게 되고, 하나님께서 자기 안에서 모든 일을 행하실 것을 기꺼이 기다릴 수 있게 됩니다.

아직도 완전히 새 언약 안에서 살고 있지 못하며 어느 정도 자기 안에 옛 언약의 구속의 영이 자리잡고 있다고 생각하십니까? 옛 언약이 더 이상 활동하지 못하게 합시다. 자신이 기울이는 모든 수고로는 실패할 수밖에 없다는 옛 언약의 가르침을 받아들이십시오. 회심할 때에 저주받아 죽어 마땅할 죄인으로 엎드리기로 하였듯이, 이제 하나님께서 구속하신 자녀임에도 불구하고 여전히 혼자 힘으로는 자신이 보기에 하나님께서 바라시는 것을 행하고 바라시는 대로 될 수 없음을 느낀다는 고백으로 하나님 앞에 꿇어 엎드리기로 하십시오. 그리고 나서 새 언약 중에서 자신의 영적 무능함을 채우고 하나님을 기쁘시게 해드리는 것을 행할 능력을 주는 것에 관하여 깨닫지 못한 부분이 혹 있는가 묻기 시작하십시오. 하나님께서 성령으로 모든 것을 당신 안에서 역사하시려고 하신다는 확신 속에서 놀라운 해답을 발견하게 될 것입니다. 날마다 죄짓는 삶으로부터 구원받기를 갈망하고 그러한 것을 스스로의 노력으로 이루려는 소망을 모두 버린다면, 구원에 관한 하나님의 새로운 방법을 깨닫게 될 채비를 갖추게 되는 것입니다. 그 방법이란 바로 **하나님께서 모든 것을 우리 안에서 그의 기쁘신 뜻대로 행하신다는 것**입니다.

4 새 언약

"나 여호와가 말하노라 그러나 그날 후에 내가 이스라엘 집에 세울 언약은 이러하니 곧 내가 나의 법을 그들의 속에 두며 그 마음에 기록하여 나는 그들의 하나님이 되고 그들은 내 백성이 될 것이라 그들이 다시는 각기 이웃과 형제를 가리켜 이르기를 너는 여호와를 알라 하지 아니하리니 이는 작은 자로부터 큰 자까지 다 나를 앎이니라 내가 그들의 죄악을 사하고 다시는 그 죄를 기억지 아니하리라 여호와의 말이니라"(렘 31 : 33, 34).

이사야를 종종 복음의 선지자라고 하였는데, 그 까닭은 이사야가 놀라울 만큼 명쾌하게 오실 구속자에 대해 그 당하실 굴욕과 고난에 관해, 그가 이루실 나라의 영광에 관해 선포하였기 때문입니다. 그런데 본문 말씀을 한 예레미야와 에스겔도 복음의 선지자라고 불렸는데 그들은 이사야와 비슷한 경우로 이전의 어느 선지자에게서도 찾아볼 수 없이 두드러지게 구속자가 역사하시는 결과와, 영향을 끼치실 구원의 본질적인 속성이 실제로 어떻게 나타날 것인가를 예언하였던 사람들입니다. 새 언약이 무엇인가에 관한 하나님의 거룩한 계시를 담고 있는 신약(히 8장) 말씀에, 하나님의 계획이 계시되어 있으며, 그 말씀에서 우리는 하나님께서 우리를 준비시키시고 자기 백성이 되기에 합당하게 만드시려고 우리 안에서 어떤 일을 하실지 정확히 깨닫게 됩니다. 옛 언약 전체를 통해서는 언제나 한 가지 문제가 나타났습니다. 사람의 마음은 하나님과 맞지 않았다는 것입니다. 새 언약에서는 악이 치료되어야 합니다. 새 언약이 주는 중요한 약속은 하나님의 법을 기뻐하고 하나님과의 교제를 알아 그 교제를 유지해 나갈 수 있는 마음입니다. 다음에서 이야기하는 네 가지 의미의 축복을 주목하여 봅시다.

1. "내가 나의 법을 그들의 속에 두며 그 마음에 기록하여." 이 말씀을 잘 이해해야 합니다. 우리의 마음속은 율법이 들어가는 방이 따로 있고 나머지 부분은 다른 것이 차지할 수 있도록 되어 있지 않습니다. 우리 마음은 하나로 통합되어 있습니다. 우리 내부의 속마음은 아무런 생명력 있는 조직적 연합을 갖추고 있지 않아 벽의 재질과 전혀 다른 내용물로 채울 수 있는 집과 같이 되어 있지도 않습니다. 우리의 속마음은 인격도, 사랑도, 의지도, 생명도 아닌 것입니다. 특별히 하나님께서 마음속에 들어가셔서 그 마음을 소유하시지 않으면, 확신을 주시고 그 마음 전체를 지배하시지 않으면 아무것도 마음속에 들어갈 수가 없습니다. 이것이야말로 하나님께서 신령한 생명과 그 생명이 발하는 능력으로 속사람 전체를 통해 그 안에 바로 하나님의 율법의 영을 불어넣어 주시기 위해 행하시려는 바입니다. "내가 나의 법을 그들의 속에 두며 그 마음에 기록하여."

그러면 "법을 그들의 속에 두며 그 마음에 기록하여"라는 말은 무슨 뜻인가 하고 물을 것입니다. 먼저 이 말뜻은 하나님께서 새 마음 속에 하나님의 율법을 사랑하고 하나님의 뜻대로 기꺼이 행하는 마음을 심어주셨다는 뜻입니다. 더 나아가 이 말뜻은 그러한 원칙을 우리 안에 심어주실 때에 하나님은 하나님의 뜻에 관해 우리가 아는 것을 모두 없애시고 기꺼이 순종하게 하는 새로운 마음을 불어넣어 주셨다는 뜻입니다. 그 다음으로 뜻하는 바는 우리가 하나님의 뜻을 미처 모르는 뜻까지도 기쁜 마음으로 모두 받아들였다는 것입니다. 이것이 사실처럼 느껴지지 않을 수도 있지만 바로 하나님께서 하신 말씀이라는 확신을 가지십시오. 하나님은 굳은 마음을 제거하시고 "아, 내가 참으로 주의 율법을 사모하나이다!" 하는 새 마음을 심어주셨습니다. 그러한 사실을 믿고 그렇게 말하기를 겁내지 맙시다.

시내 산에서 받은 율법이 적힌 두 개의 언약판은 돌로 된 것으로 영속적인 물건이었습니다. 이러한 사실은 이해하기가 쉽습니다. 그 돌판은 전적으로 거기 적힌 신령한 계명을 간직하고 보여주기 위해 따로 보관해 두었습니다. 돌판에 적힌 글과 돌판은 떼어낼 수 없이 연결되어 있었습니다. 그와 마찬가지로 하나님께서 능력으로 자신의 뜻과 법을 새기시는 마음은 오로지 전적으로 그 마음에 새긴 법을 간직하며, 그러한 마음은 변함없이 마음속 계명과 일치합니다. 하나님만이 창조하실 때 품으셨던 자신의 목적을 이루실 수 있으며, 하나님 자신과 한 마음과 한 영을 품은 자녀가 하나님의 뜻을 기뻐 행하도록 하실 수 있는 분이십니다. 돌판에 새긴 법인 옛 언약이 죄를 발견하고 비판했다면, 새 언약은 순종하는 삶과 진정 거룩한 마음을 줄 것입니다. 새 언약이 주는 모든 복은 하나님을 알기에 바르게 준비된 마음이라는 말로 요약됩니다. "내가 여호와인 줄 아는 마음을 그들에게 주어서 그들로 전심으로 내게 돌아오게 하리니 그들은 내 백성이 되겠고 나는 그들의 하나님이 되리라"(렘 24 : 7).

 2. "나는 그들의 하나님이 되고 그들은 내 백성이 될 것이라." 이 말씀을 가볍게 넘기지 마십시오. 이 말씀은 영원한 언약에 대한 약속과 관련하여 주로 예레미야서와 에스겔서에 나옵니다. 이 말씀은 언약의 관계에서 누릴 수 있는 최고의 경험을 나타내는 것입니다. 하나님께서 자기 백성에게 **"나는 너희 하나님이 되리라"**는 말씀이 뜻하는 참으로 헤아릴 수 없는 축복을 베푸실 수 있는 때는, 오로지 하나님의 백성이 하나님의 법을 사랑하고 순종하는 법을 배우고, 그 마음과 몸이 함께 오로지 하나님과 하나님의 뜻에 바쳐졌을 때뿐입니다. 그 말씀은 바로 '내가 어떠한 하나님인가와 내가 가진 모든 것은 너희 것이 되리라. 너희가 하나님 안에서 바라거나 소망할 수 있는 바 대로 나는 네 하나님이 될 것이라. 이 말씀이 충분히 나타내는 뜻으로, 나는 어디에나 있어 너희를 향한 은총과 사랑으로 항상 너희와 함께 있을 것이라. 나는 전능하여 매 순간 권능으로 너희 안에 역사할 것이다. 나는 거룩한 삼위 일체로 너희 안에 신령케 하는 삶을 계시할 것이다. 나는 너희 하나님이 되고 너희는 내 백성이 되어 나로 인해 구원과 축복을 받고, 다스림과 인도함을 받고, 공급받으며, 진정 영광의 하나님, 거룩한 자의 백성이 되는 것을 알아 깨닫게 되리라'는 뜻입니다. 우리는

묵상을 하고 이 말씀이 충분히 뜻하는 바 대로 성령께서 우리 안에 역사하시도록 기다려야 합니다.

3. "그들이 다시는 각기 이웃과 형제를 가리켜 이르기를 너는 여호와를 알라 하지 아니하리니 이는 작은 자로부터 큰 자까지 다 나를 앎이니라 여호와의 말이니라." 하나님과 개인적으로 교제하는 것은 새 언약을 받은 백성 모두가 지니는 놀라운 특권이 되어야 합니다. 각 사람이 주님을 **알게 될 것입니다.** 주님을 알게 된다는 것은 마음으로 아는 지식을 뜻하는 것이 아니라(마음으로 안다는 것은 누려야 할 모든 특권과 같은 것이 아니며 교제를 돕기보다는 오히려 교제를 막을 수도 있습니다), 마음으로 깨닫고 영원한 생명이 되는 앎을 이야기하는 것입니다. 예수께서 아버지 하나님과 한 분이셨고 아버지 하나님 안에 계심으로 아버지를 아셨듯이, 하나님의 자녀도 하나님을 가장 사랑하고 하나님 안에 살 때에 성령을 통해서 하나님이 자기가 아는 가장 훌륭한 분이심을 깨닫게 하시는 영적인 깨달음을 얻게 될 것입니다. "저희가 다 하나님의 가르치심을 받으리라"는 말씀은 성령의 가르치심으로 이루어질 것입니다. 하나님은 말씀을 통해서 모든 믿는 자들에게 각자의 필요에 따라 말씀하실 것입니다.

4. "이는…내가 그들의 죄악을 사하고 다시는 그 죄를 기억지 아니함이니라(하리라)." **이는…함이니라**는 말은 앞에 나오는 모든 말에 대한 이유가 된다는 것을 뜻합니다. 새 언약의 피가 그토록 무한한 가치가 있었고, 하늘에서 대제사장으로서 중재하는 것이 참으로 신령한 능력이었기 때문에, 그 피를 통해 하나님께서 그 죄를 기억도 못하실 신령한 죄

씻음이 약속된 것입니다. 이 보혈을 통해서 죄를 말끔히 씻어야 우리는 깨끗해지고 자유케 됩니다. 그래야 하나님께서 우리 마음속에 자신의 법을 새기시고 권능으로 우리 하나님으로 자신을 드러내시고 성령을 통해 하나님 자신과 하나님의 사랑에 대한 그 깊으신 진리를 밝히실 수 있습니다. 우리 앞에 모든 장벽을 제거하고, 하나님께서 자신의 법을 우리 마음속에 새기게 하시고 하나님을 우리 하나님으로 주장할 수 있도록 하는 것은 예수님의 속죄와 구속입니다. 그러한 깨달음과 주장은 날마다 영원토록 우리 삶 속에 계속되는 것입니다.

이제 새 언약이 물려주는 유업을 정리할 수 있습니다. 죄용서라고 하는 복이 모든 복의 근원으로 첫번째로 옵니다. 그 다음으로 하나님을 우리 하나님으로 알게 되며, 마지막으로 죄용서에 대한 신령한 가르침이 나타납니다. 그와 같은 근원에서 자라고, 그와 같은 복으로 열매맺는 나무가 바로 처음에 마음속에 새긴 법이라고 하였던 것입니다.

"내 목소리를 들으라 그리하면 나는 너희 하나님이 되겠고" 하는 옛 언약의 요구를 이제 충분히 알았습니다. 마음속에 새겨진 법으로 하나님은 우리 하나님이 되실 수 있으며, 우리는 하나님의 백성이 될 것입니다. 거룩한 마음으로 거룩한 삶을 살라는 하나님의 뜻과 완벽한 조화를 이루는 것만이 하나님의 마음이나 우리 마음을 충족시킬 수 있는 유일한 길입니다. "내가 여호와인 줄 아는 **마음을 그들에게 주어서** 그들로 **전심으로** 내게 돌아오게 하리니 그들은 내 백성이 되겠고 나는 그들의 하나님이 되리라"(렘 24 : 7). 새 언약의 삶은 바로 마음 상태, 곧 **하나님께서 주시는** 새 마음에 따라 결정됩니다.

이러한 모든 사실이 문자 그대로 정확히 하나님의 백성에게 적용되기로 되어 있다면, 어째서 그토록 그러한 삶을 보지 못하고 좀처럼 경험하지 못합니까? 거기에는 한 가지 대답만이 있을 뿐입니다. 그것은 바로 우리의 불신앙 때문입니다! 우리는 창조시에 하나님과 사람이 가졌던 관계를 새 언약이 실제로 가능하게 할 것이라는 이야기를 해왔습니다. 그러나 하나님은 오로지 그 마음이 하나님이 요구하시는 바를 기꺼이 받아들이려고 할 때만 그 목적을 이루실 수 있습니다. 새 언약에서 모든 것은 믿음에 달려 있습니다. 사람의 지혜와 경험이 말해 줄 수 있는 것에서 돌이켜, 하나님께서 직접 하나님의 언약이 뜻하는 바가 무엇인지 가르쳐 주시기를 구합시다. 겸손하고 온유한 마음으로 그러한 간구를 계속해 나간다면 "그들이 다시는 각기 이웃과 형제를 가리켜… 여호와를 알라 하지 아니하리니 이는…다 나를 앎이니라"는 말씀을 확실히 의지할 수 있습니다. 하나님께서 말씀하시는 것을 우리가 깨닫게 하시기 위해서 성령을 통해서 하나님 자신에 대해 가르치시는 것은 우리가 가진 언약의 권리입니다. 그 권리를 의지합시다. 하나님께서 주신 이러한 약속을 소유할 수 있는 것은 하나님께서 불어넣어 주신 믿음으로만 가능한 것입니다. 하나님께서 가르치시고, 깨우쳐 주셔야만 우리가 그 약속을 깨달아 믿게 됩니다. 우리가 성령께 굴복함으로 하나님께서 자신이 하신 약속의 의미를 가르쳐 주실 때에만, 우리는 그러한 약속들이 실제로 삶에서 이루어지게 하시는 능력으로 그 약속들을 믿고 받아들일 수 있습니다.
 그렇지만 긴장과 압박이 계속되는 매일의 삶에서 이러한 복을 경험하며 살아가는 것이 실제로 가능합니까? 그러한 복들이 정말로 하나님의 자녀들을 위해 마련되어 있습니까? 하나님께서 약속하신 바를 행하신다는 것은 또한 가능한 일입니까? 우리는 죄를 완전히 용서하신다는 부분을 믿습니다. 그러면서 어째서 마음속에 새긴 법과, 신령한 교제와 가르침이라는 나머지 부분은 믿지 않는 것입니까? 우리는 하나님께서 함께 연결해 놓으신 일, 곧 아들 예수께서 하시는 객관적인 외부 사역과 성령이 하시는 주관적인 내부 사역을 나누어 생각하는 데 익숙해져서, 새 언약의 영광이 옛 언약 이상의 것으로서 주로 우리를 위한 그리스도의 구속의 역사에 있다고는 생각하면서, 우리 안에 거룩하게 하시는 성령의 역사에도 새 언약의 영광이 똑같이 있다고 생각지 않습니다. 성령께서 머무셔서 그 권능을 통해 하나님께서 새 언약의 약속을 이루신다는 것을 모르고 그 사실을 믿지 않으면, 그러한 복들이 우리 안에서 실제로 이루어지리라고 기대할 수 없게 됩니다.
 오로지 불신앙으로 인해 과거에 실패했던 모든 경험으로부터 마음을 돌이켜 그러한 실패가 가르쳐 주었던 교훈(영적으로 거듭난 사람이라고 할지라도 자기 혼자 힘으로만 하나님의 법을 따라 절대로 살 수가 없음)이 무엇이었는지 마음으로 진지하게 받아들입시다. 그리고 나서 조용히, 믿는 마음으로 언약의 우리 하나님께로 마음을 돌이킵시다. 하나님께서 우리를 위해서 행하시리라고 말씀하신 것을 듣고 하나님을 믿읍시다. 하나님의 변치 않는 신실하심과, 언약의 확실성과, 우리 안에 베푸시는 그 전능하신 능력과 성령의 역사하심을 의지하고, 우리 하나님께 나 자신을 굴복시킵시다. 하나님께서 우리를 위해 그리스도 안에서 하신 일도 놀라운 일이지만 그리스도의 영을 통해 날마다 하실 일은 더욱 놀라운 일이 아닐 수 없음을 하나님께서 증명해 주실 겁니다.

5 그리스도인의 삶에서 경험하는 두 언약

"이 여자들은 두 언약이라 하나는 시내 산으로부터 종을 낳은 자니 곧 하가라 이 하가는 아라비아에 있는 시내 산으로 지금 있는 예루살렘과 같은 데니 저가 그 자녀들로 더불어 종 노릇하고 오직 위에 있는 예루살렘은 자유자니 곧 우리 어머니라 그런즉 형제들아 우리는 계집 종의 자녀가 아니요 자유하는 여자의 자녀니라 그리스도께서 우리로 자유케 하려고 자유를 주셨으니 그러므로 굳세게 서서 다시는 종의 멍에를 메지 말라"(갈 4 : 24-26, 31 ; 5 : 1).

아브라함의 가정은 당시 하나님의 교회였습니다. 한 아들은 육체를 따라 낳고 또 한 아들은 약속을 따라 낳음으로 생긴 가계의 분열은 전 시대에 걸쳐 종의 영으로 하나님을 섬기는 계집 종의 자녀와 하나님의 아들의 영으로 하나님을 섬기는 자유하는 여인의 자녀 사이에 나뉨이 있으리라는 것을 묘사하는 비유가 되었습니다. 본문 말씀은 갈라디아서 전체가 갈라디아 사람들이 종의 멍에를 메게 되어서 그리스도께서 우리로 자유케 하려고 주신 자유 안에 굳세게 서지 않았음을 확증하고 있음을 가르쳐줍니다. 갈라디아인들의 모든 행위는 그리스도인이면서도 성령께서 베푸시는 자유를 따라 새 언약 안에 살지 않고 종의 자녀를 낳는 옛 언약에 속해 있었음을 나타냈습니다. 본문 말씀은 우리가 이해해야 할 가장 중요하고도 위대한 진리를 가르쳐 줍니다. 그것은 사람이 어느 정도 하나님의 은총을 알고 경험하였다고 할지라도 율법의 영으로 인해 아직 상당히 옛 언약 아래 놓여 있음을 나타내기도 한다는 것입니다. 또한 본문 말씀은 참된 새 언약의 삶이 없다는 증거가 무엇인지를 아주 정확히 보여줄 것입니다.

갈라디아서를 자세히 살펴보면 두 언약이 세 가지 부분에서 차이가 있다는 것을 알 수 있습니다. 율법과 율법의 역할은 믿음을 듣는 것과 대조를 이루며, 육체와 육체의 종교는 십자가에 못박힌 육체와 대조를 이루며, 선한 일을 하지 못하는 것은 성령께서 베푸시는 자유와 그 능력 안에서 행하는 것과 대조를 이룹니다. 성령께서 이러한 이중의 삶을 우리에게 계시해 주시길 바랍니다.

첫번째 대조는 "너희가 성령을 받은 것은 율법의 행위로냐 듣고 믿음으로냐"(3:2) 하는 바울의 말에서 찾아볼 수 있습니다. 갈라디아 사람들은 실제로 새 언약 속에서 태어난 사람들이었기 때문에 그들은 성령을 받았습니다. 그렇지만 그들은 유대 지도자들에 의해 잘못 이끌려, 믿음으로 의롭다 함을 받았는데도 행위로 거룩해지고자 힘썼습니다. 그래서 그들은 율법을 지키는 것으로써 그리스도인의 삶을 유지하고 그리스도인의 삶이 성장하기를 바라고 있었습니다. 갈라디아인들은, 믿음이 처음부터 하나님의 은총을 얻는 유일한 수단이었듯이 신령한 삶을 유지해 나가는 것도 오로지 믿음으로 날마다 그리스도에게서만 나오는 능력을 받는 것임(사랑으로 역사하는 믿음이 아니면 그리스도 안에 있는 것은 아무런 효과가 없습니다)을 잊어버렸습니다.

거의 모든 그리스도인들이 갈라디아의 신자들과 같은 실수를 합니다. 회심할 때에, 우리가 굳게 서서 행하며 사는 것은 오로지 믿음으로 인함이라는 것을 깨닫는 사람은 참으로 드뭅니다. 사람들은 율법에 죽고, 율법에서 벗어난다는 것과 그리스도께서 자유케 하시려고 주신 자유에 대한 바울의 기르침이 뜻하는 바를 진히 모릅니다. "너희가 만일 성령의 인도하시는 바가 되면 율법 아래 있지 아니하리라." 율법을 우리를 가르치는 하나님의 법으로 여기면서 사람들은 자신이 회심을 통해 율법을 마땅한 의무로 온전히 지킬 수 있는 준비를 하게 된다고 생각합니다. 새 언약에서는, 우리 마음속에 새겨진 율법이 신령한 능력으로 우리가 율법을 지킬 수 있도록 신령한 능력에 대한 지속적인 믿음을 필요로 한다는 것을 사람들은 알지 못합니다. 우리가 지금은 율법에 메어 있지 않고 살아계신 분에게 메어 있다는 것과, 우리가 순종하고 거룩하게 되는 길은 지속적으로 우리 안에서 역사하시는 하나님의 능력을 끊임없이 믿는 믿음으로만 가능하다는 것을 깨닫지 못합니다. 우리가 진정으로 새 언약 안에 살게 되는 때는 오직 이러한 사실을 깨닫게 될 때뿐입니다.

옛 언약의 영을 나타내는 두번째 말은 "육체"입니다. 육체라는 말은 십자가에 못박힌 육체와 대조를 이룹니다. 바울은 이렇게 묻습니다. "너희가 이같이 어리석으냐 성령으로 시작하였다가 이제는 육체로 마치겠느냐"(갈 3 : 3). 육체는 특별히 죄로 타락하거나 더럽혀졌을 때의 사람의 상태를 대표하는 것처럼 보입니다. 육체는 자기 생명이라는 말로 적당하게 대표될 수 있습니다. 회심할 때에 그리스도인은 일반적으로, 자기 삶이 몹시 악하다는 것과, 그러한 삶으로 교묘하게 하나님을 섬기는 일에 참여하려고 한다는 것에 관해 하나도 알지 못합니다. 한동안은 자기 삶을 통해 아주 열심히 기꺼운 마음으로 하나님을 섬길 수 있습니다. 자기가 드리는 예배가 하나님께서 기뻐하시고 관심을 가지시는 예배가 되도록 하기 위해 아주 많은 계율들을 만들어낼 수 있습니다. 그렇지만 그것은 바울이 오로지 사람의 뜻과 노력으로 "육체의 모양을 내려고 하는", "육체로 자랑하려 함"이라고 하는 것이 될 뿐입니다. 경건한 육체의 힘은 옛 언약적 종교가 지니는 가장 두드러진 특징이며 그것은 깊은 겸손과 하나님을 진정으로 예배하는 영성인 하나님을 전적으로 의지하는 마음과 삶을 놓치고 있는 것입니다.

우리의 경건이 상당 부분 육체의 경건에 속해 있다는 증거는 그러한 육체의 경건을 따라 죄악된 육체가 무성하게 자라나게 되리라는 것입니다. 갈라디아 사람들의 삶이 그러했습니다. 그들은 육체의 모양을 내며, 육체로 자랑하였으나 날마다의 삶은 추악함, 시기, 미움을 비롯 다른 죄악들로 가득차 있었습니다. 그들은 서로 물고 헐뜯었습니다. 경건한 육체와 죄악된 육체가 한 몸이기 때문에 상당한 종교적 유혹과 이기심과 세상을 좇는 마음이 아주 빈번히, 함께 일어나는 것이 하나도 이상할 것이 없습니다. 육체의 경건은 죄를 물리칠 수가 없습니다.

새 언약의 삶과는 참으로 대조적인 삶입니다. 새 언약에서 육체는 어디에 놓입니까? "그리스도 예수의 사람들은 **육체와 함께 그 정과 욕심을 십자가에 못박았느니라**." 성경은 육체의 뜻과, 육체의 생각과, 육체의 욕심에 관해 이야기하는데, 이러한 모든 것들을 신자들은 그리스도 안에서 비난받고 십자가에 못박아야 할 것으로 보았습니다. 신자는 그러한 것들을 죽음에 맡겼습니다. 신자는 십자가(십자가의 저주와 저주로부터 나오는 십자가의 구속)를 생명으로 들어가는 문으로 받아들일 뿐 아니라, 날마다 육체와 세상을 이기는 유일한 힘으로 자랑합니다. "내가 그리스도와 함께 십자가에 못박혔나니." "내게는 우리 주 예수 그리스도의 십자가 외에 결코 자랑할 것이 없으니 그리스도로 말미암아 세상이 나를 대하여 십자가에 못박히고 내가 또한 세상을 대하여 그러하니라." 새 언약이 시작되기 위해서 그리스도의 죽음이 필요했듯이, 그리스도의 죽으심에 참여하지 않고서 참된 새 언약의 삶에 들어가는 길은 하나도 없습니다.

"은혜에서 떨어진 자로다"(갈 5 : 4). 이 말은 참으로 선한 일이라고는 도무지 할 수 없는 종의 상태에 놓여 있는 갈라디아 사람들의 상태를 묘사하는 세번째 말입니다. 바울은 여기서 영원히 타락했다는 이야기를 하고 있는 것이 아닙니다. 바울은 그들을 여전히 그리스도인이라고 부르고 있기 때문에 여기서 갈라디아 사람들이 완전히 은총에서 멀어졌다고 이야기하고 있는 것이 아니라 그리스도인이 죄를 이길 수 있는 권능을 부여하는, 거룩케 하는 은혜의 길을 걷다가 헤메고 있다는 것을 말하고 있는 것입니다. 은혜가 주로 죄용서와 그리스도인의 삶을 시작하는 것과 관련되어 있는 한 육체는 봉사하고 일하는 힘일 뿐입니다. 그렇지만 마련하신 은혜의 지극히 풍성함을 깨닫고 하나님께서 "능히 모든 은혜를 우리에게 넘치게 하여 우리로 모든 착한 일을 넘치게 하신다"는 것을 이해한다면, 믿음으로 말미암은 것처럼 오직 은혜로써만 우리가 한 순간이라도 내딛을 수 있고 한 걸음이라도 설 수 있음을 알게 됩니다.

영적으로 무능하고 실패하는 삶과 대조되는 것은 "성령"이라는 말에서 나타납니다. "너희가 만일 성령의 인도하시는 바가 되면 (너희의 힘과 노력을 요구하는) 율법 아래 있지 아니하리라"(5:18). "내가 이르노니 너희는 성령을 좇아 행하라 그리하면 (결정적이고도 확실한 약속입니다) 육체의 욕심을 이루지 아니하리라"(5:16). 성령은 율법과 육체와 죄에서 벗어나게 합니다. "성령의 열매는 사랑과 희락과 화평이라." "내 신을 너희 속에 두어 너희로 내 율례를 **행하게 하리니 너희가 내 규례를 지켜 행할지라**"는 새 언약에 관한 약속에서 성령이 중심이고 핵심입니다. 성령은 참된 순종과 거룩함이 나타나는 초자연적인 삶을 살게 하는 능력을 주시는 분입니다.

갈라디아 사람들이 사도 바울의 가르침을 받아들였다면 어떻게 하였겠습니까? 그들이 "이제, 너희가 하나님을 알고도…어떻게 하여 또다시 약하고 보잘 것 없는 것으로 돌이켜 거기에 다시 종노릇하려고 하느냐?" 하는 질문을 바울에게서 듣는다면, 갈라디아 사람들은 한 가지 방법밖에는 없다고 느꼈을 것입니다. 즉시 떠났던 길로 되돌아가는 것 외에는 달리 해결책이 있을 수 없습니다. 그들은 떠났던 바로 그 지점에서, 다시 시작할 수 있을 것입니다. 되돌아가기를 바라는 사람이라면 누구에게나, 옛 언약인 율법의 영으로부터 돌이켜서 새 언약의 중보자에게 새로 굴복하는 일은 일순간의 행동 곧 한 걸음을 내딛는 것만으로 될 수 있는 것입니다. 새 언약의 약속이 비추는 빛이 점점 분명해지고, 어떻게 그리스도께서 전부가 되시며 믿음만이 전부가 되며 성령께서 그 마음의 전부가 되시며, 언약을 지키시는 하나님이 신실하심이 무엇보다도 중요한가를 깨닫게 됨에 따라 신자는 오로지 한 가지 일, 곧 전적으로 자기 삶을 포기하고, 말씀하신 것을 이루시는 하나님을 의지하고 그저 믿을 수밖에 없음을 느끼게 될 것입니다.

그리스도인은 계속해서 얽매이고 실패하는 옛 언약적인 삶을 살 수도 있고 새 언약과 성령께 전적으로 굴복하는 삶을 살 수도 있습니다. 그리스도인의 삶에서 새 언약이 뜻하는 참된 소망을 얻게 된다면 새 언약의 중보자를 전적으로 의지하는 믿음은 당장에 새 언약이 보장해 주는 삶을 시작할 수 있게 할 것입니다.

나는 우리 안에서 역사하실 수 있는 하나님의 은혜가 어떠한 것인가를 최대한으로 알고 싶어하고, 우리가 옛 언약에 매여 있는 까닭에 실패하는 것인지, 또 우리와 하나님과의 관계가 전체적으로 변할 수 있음을 더욱 분명하게 깨닫는 것이 우리가 바라는 도움을 얻는 데 필요한지를 신중하게 살펴보기를 갈망하는 신자들 모두에게 다음과 같은 충고를 하고 싶습니다. 은혜의 수단을 더욱 부지런히 사용하고 하나님의 뜻에 따라 정직하게 열심히 살려고 노력하며 영적인 성장을 꾀하려고 하면서도 **철저하게 실패하는 수가 있습니다.** 그 까닭은 제거해야 할 악의 뿌리가 남아 있기 때문입니다. 악의 뿌리는 종의 영이요, 자기 스스로 노력하려는 율법의 영으로 그러한 영은 하나님께서 모든 일에서 역사하시리라는 것을 아는 것과 하나님께서 모든 일을 이루시는 하나님께 자신을 굴복시키는 겸손한 믿음에 장애가 됩니다. 그러한 영은 하나님의 일을 아주 열심히 하고 하나님의 은총을 간절히 구하는 사람들에게서도 찾아볼 수가 있습니다. 그러한 영은 그리스도께서 자유케 하시려고 주신 자유 안에 서 있지 않으며 주의 영이 계신 곳이 자유가 있는 곳임을 알지 못하기 때문에 믿음이 주는 평안을 누리지 못하며, 죄를 이길 수도 없습니다. 그러한 상태에서 영혼은 다음과 같이 말할 수가 있습니다. "그리스도 예수 안에 있는 생명의 성령의 법이 죄와 사망의 법에서 **너를 해방하였음이라**"(롬 8 : 2). 우리 삶 속에는 결점이 있다는 것 뿐만 아니라 우리가 바꿀 수 없는 아주 나쁜 것들도 있음을 인정하기 시작한다면, 새로운 관심과 자신의 무지와 무능력에 대해 더욱 깊이 고백하는 마음과 **하나님만이** 가르치시고 힘주시기를 기대하는 마음으로, 새 언약 안에는 실제로 필요한 모든 것들이 들어 있음을 발견하게 될 것입니다.

6 영원한 언약

"그들은 내 백성이 되겠고 나는 그들의 하나님이 될 것이며 내가 그들에게 복을 주기 위하여 그들을 떠나지 아니하리라 하는 영영한 언약을 그들에게 세우고 나를 경외함을 그들의 마음에 두어 나를 떠나지 않게 하고"(렘 32 : 38, 40).

"새 영을 너희 속에 두고 새 마음을 너희에게 주되 너희 육신에서 굳은 마음을 제하고 부드러운 마음을 줄 것이며 또 내 신을 너희 속에 두어 너희로 내 율례를 행하게 하리니 너희가 내 규례를 지켜 행할지라 내가 그들과 화평의 언약을 세워서 영원한 언약이 되게 하고"(겔 36 : 26, 27 ; 37 : 26).

이제까지 새 언약에 관해 약속하신 말씀을 보았습니다. 예레미야서와 에스겔서의 더 자세한 가르침에 귀기울여 봅시다. 거기서 하나님은 새 언약을 영원한 언약이라고 말씀하십니다.

계약(언약)에는 언제나 두 당사자가 있기 마련입니다. 그리고 계약은 바로 두 당사자가 계약을 수행하기로 되어 있는 상대방에게 충실해야 한다는 생각을 전제로 하여 세워지는 것입니다. 어느 한 편이 계약을 이행하는 데 충실하지 않으면 계약은 깨어지고 맙니다.

이러한 사실은 옛 언약에서도 똑같이 적용되었습니다. 하나님은 이스라엘에게 "**내 목소리를 들으라 그리하면 나는 너희 하나님이 되겠고**"(렘 7 : 23 ; 11 : 4) 하고 말씀하셨습니다. 이 간단한 말씀은 옛 언약 전체에 담긴 뜻을 포함하는 말입니다. 이스라엘이 불순종하면 언약은 깨어졌습니다. 이스라엘이 순종할 수 있는가 없는가 하는 문제는 고려되지 않았으며 불순종만이 언약의 특권을 잃게 하는 것이었습니다.

새 언약이 생겨나고, 옛 언약보다 더 나은 언약이 되려면, 바로 이 점이 보완되어야 하는 부분이었습니다. 순종을 보장하기 위한 조건이 마련되어 있지 않으면 새 언약은 아무 소용이 없게 될 것입니다. 언약을 이루는 데에는 반드시 순종이 있어야만 합니다. 창조주 하나님은 순종하지 않는 사람들에게 결코 은총을 베푸실 수도 그들과 교제하실 수도 없으셨습니다. 새 언약이 옛 언약보다 나은 언약이 되고, 영원한 언약이 되며, 결코 깨어지지 않는 언약이 되기 위해서는 언약의 백성이 순종하도록 보장해 주는 충분한 조건을 마련해야 합니다.

바로 그러한 조건이 마련되었다는 점이 바로 새 언약이 갖는 위대한 영광입니다. 사람의 생각으로는 고안해 낼 수 없는 방법으로, 사람의 언약에선 한 번도 없었던 조항을 통해, 하나님의 무한하신 겸손과 능력과 신실하심을 놀랍도록 나타내 보이시겠다는 약속으로, 신령한 지혜와 은혜의 초자연적인 신비를 통해서, 새 언약은 하나님의 신실하심 뿐만 아니라 **사람의 성실함까지도** 보장하고 있는 것입니다! 하나님께서 하나님 자신뿐 아니라 우리가 해야 할 역할까지도 보장하시겠다고 직접 약속하셨습니다. 이 사실은 새 언약을 이해하는 중요한 열쇠가 됩니다.

새 언약이 지니는 이처럼 중요한 역할이 새 언약이 어떠한 것인가에 대해 품는 사람들의 생각을 훨씬 뛰어넘는 놀라운 것이기 때문에, 갈라디아 사람들 이래로 그리스도인들은 새 언약이 정말로 가져다 주는 바를 구하거나 믿을 수 없었던 것입니다. 사람들은 사람의 불신앙을 영원히 극복할 수 없으며, 고칠 수 없는 요인이라고 생각했습니다. 또한 사람 마음속에 있는 선한 양심과 위에 계신 하나님이 기뻐하시는 것에서 얻는 증거로 순종하는 삶을 살 수 있음을 기대할 수 없다고 생각했습니다. 그래서 사람들은 어떠한 동기부여를 하여 최대한으로 마음을 일깨우려고 하였습니다. 그러면서도 여전히 성령께서 그리스도인 안에서 행해져야 할 모든 일을 끊임없이, 어디서나, 충분히 하셔야 한다는 것은 한 번도 깨닫지 못했습니다.

하나님을 사랑하는 자들을 위해 마련하신 것과 사람의 마음에 파고들지 못했던 것, 즉 새 언약이 주는 놀라운 삶을 성령을 통해 계시해 주시도록 하나님께 진심으로 간구합시다. 그러한 일은 모두가 하나님께서 우리 안에서 어떻게 역사하실 것인가를 깨닫는 것에 달려 있습니다. 하나님께서 새 언약을 선포하시고 얼마 안 있어, 더 자세히 설명하시기 위해 예레미야서에서 영원한 언약의 두 부분에 대해 말씀하시는 것에 귀 기울여 봅시다. **마음이 바르게 되리라** 하는 중심 사상이 여기서 되풀이하여 확인되고 있습니다. "내가 그들에게 복을 주기 위하여 그들을 떠나지 아니하리라 하는 영영한 언약을 그들에게 세우고." 즉 하나님께서 변함없이 신실하시겠다는 말씀입니다. 하나님은 우리를 떠나지 않으실 것입니다. "나를 경외함을 그들의 마음에 두어 나를 떠나지 않게 하고." 이 말씀이 두번째에 해당하는 부분으로 이스라엘이 언제까지나 충성을 다하리라는 것입니다. 하나님께서 하나님을 경외하는 마음을 그들 마음에 두실 것이기 때문에 이스라엘은 하나님을 떠나지 않게 될 것입니다. **하나님께서 그들을 떠나실 확률이 거의 없는 것과 마찬가지로 이스라엘도 하나님을 떠나지 않게 되리라는 말입니다!** 하나님께서 자신이 하실 부분을 이루실 것을 신실하게 약속하시듯, 이스라엘이 행해야 할 역할까지도 하나님께서 떠맡아 그들이 하나님을 떠나지 않도록 하신다는 것입니다!

화평의 언약 중 한 가지인 영원한 언약과 관련하여 에스겔서에 나오는 하나님의 말씀에 귀기울입시다. "내 신을 너희 속에 두어 너희로 내 **율례를 행하게 하리니** 너희가 내 **규례를 지켜 행할지라**"(34 : 25 ; 36 : 27 ; 37 : 26). 옛 언약에서는 이러한 부분을 도무지 찾아 볼 수가 없습니다. 오히려 금 송아지와 언약판을 깨뜨리는 이야기를 통해 계속해서 하나님을 떠나는 슬픈 사실을 엿보게 됩니다. 우리는 하나님께서 그토록 이스라엘이 순종하는 것을 보기를 갈망하시지만 그러한 일이 나타나지 않았음을 발견합니다. "다만 그들이 항상 이같은 마음을 품어 나를 경외하며 나의 모든 명령을 지켜서 그들과 그 자손이 영원히 복 받기를 원하노라"(신

5 : 29). 신명기를 통해서 역사상 다른 종교나 종교의 율법 수여자에게서 찾아볼 수 없는 것으로, 모세가 이스라엘은 흩어질 것이며 무서운 저주가 임할 것이라는 말과 더불어 그들이 하나님을 버릴 것임을 독특하게 예언하고 있음을 봅니다. 모세는 경고의 말을 하다가 끝에 가서야 겨우 "네 하나님 여호와께서 네 마음과 네 자손의 마음에 할례를 베푸사 너로 마음을 다하며 성품을 다하여 네 하나님 여호와를 사랑하게 하사 너로 생명을 얻게 하실 것이며" 하는 말씀으로 새로운 시대가 오리라는 약속을 줍니다(신 30 : 6). 옛 언약은 모두 전적으로 사람이 충절을 지키느냐에 달려 있었습니다. "하나님은 하나님의 계명을 **지키는** 자들에게 **언약을 지키시리라.**" 사람이 하나님의 계명을 지키지 않으면 하나님께서 언약을 이루시리라고는 거의 기대할 수가 없었습니다. 율법을 "**너희가 부지런히 지켜 행하면**"이라는 조항이 "내 신을 너희 속에 두어 **너희로** 내 율례를 **행하게 하리니** 너희가 내 규례를 지켜 행하리라"는 약속의 말씀으로 바뀌기 전에는 그 무엇도 사람을 도와줄 수가 없었습니다. 새 언약이 갖는 가장 중요한 차이점은, 중보자와 보혈과 성령을 주셨다는 것으로 하나님께서 관여하셔서 열매 맺고자 하셨던 한 가지 열매는 바로 하나님을 경외하고 사랑하는 마음으로 충만한 마음, 하나님 안에 살며 하나님을 떠나지 않는 마음, 하나님의 영과 하나님의 율법이 머무는 마음, 하나님의 뜻을 행하기를 기뻐하는 마음이었습니다.

여기에 바로 새 언약이 갖는 가장 내밀한 비밀이 있습니다. 새 언약은 신령한 능력으로 사람의 마음을 다스리는 언약입니다. 새 언약은 마음속에 경외감이나 사랑, 의무나 감사에 관한 갖가지 동기를 부여해 주기만 하는 것이 아닙니다. 율법도 그러한 역할을 하였습니다. 새 언약은 거기에 더하여 하나님을 계시하여 주면서 우리 마음을 깨끗하게 하고 새롭게 하며, 굳은 마음을 부드럽게 하며 사랑스럽고 생기 있는 마음으로 완전히 바꾸어 주며, 성령을 그 마음 안에 두어 마음속에 힘을 불어넣어 주고 역사하는 그 힘의 능력과 사랑으로 "내 율례를 **행하게 하리니** 너희가 내 규례를 **지켜** 행하리라"는 약속을 실현시킵니다. 하나님과 완전히 조화되는 마음과 하나님의 방법에 따르는 삶과 행동은 하나님께서 우리 안에서 이루시겠다고 맺으신 언약입니다. 하나님은 새 언약에서 하나님을 위해 일하시는 만큼 우리를 위해 일하십니다.

이것은 실제로 하나님께서 자기 형상대로 사람을 창조하셨을 때 사람과 가지셨던 본래의 관계를 회복하는 것입니다. 사람은 땅에서 바로 하나님의 형상이 되어야 합니다. 하나님께서 사람 안에 사시고 사람 안에서 모든 것을 약속하시기 때문에 그러합니다. 따라서 모든 것을 하나님께 은혜를 입고 있는 상태에서 자신의 영광과 축복을 찾아야 합니다. 이것이 바로 오순절에 나누어 주신 새 언약의 넘치는 영광이며, 성령으로 말미암아 하나님께서 다시 자기 백성의 삶 가운데 머무심으로 "내 율례를 행하게 하리니"라는 약속을 실제로 가능케 하는 영광입니다.

하루 동안 매 순간 우리에게 보장된 하나님의 임재하심으로 "하나님께서 우리를 떠나지 않으실 것이며", 하나님께서 하나님의 영으로 "경외함을 우리 마음에 두심으로" 우리 마음은 하나님의 거룩하신 임재에 반응하게 되며, 그리하여 우리 마음이 하나님께 합당한 것이 되어 하나님의 율례를 지켜 행할 수 있게 되는 것입니다.

옛 언약 아래 있던 이스라엘이 지은 가장 큰 죄, 곧 하나님을 가장 슬프게 해드렸던 것은 그들이 "이스라엘의 거룩한 자를 격동(제한)"하였기 때문입니다. 새 언약 아래서는 이것보다 더 위험한 죄가 없습니다. **하나님을 제한하는 것은 하나님께서 하신 약속을 이루시지 못하게 만드는 것입니다.** 무엇보다도 성령이 가르치신이 하나님이 새 언약을 왜 마련하셨는가를 정확히 알리셔서 우리가 하나님이 사랑으로 우리를 위해 마련하신 모든 것을 믿으며 하나님을 찬양할 수 있게 하여주시기를 구합시다.

그리고 새 언약을 이루는 데 방해가 되는 불신앙의 원인을 묻게 되더라도 그 원인을 찾기가 그리 어렵지 않을 것입니다. 대부분의 경우, 불신앙의 원인은 약속하신 복을 갈망하는 마음이 부족하기 때문입니다. 세상에서 그리스도께로 왔던 모든 사람들을 보면, 그들이 바라던 치유를 받으려는 갈망의 정도가 그들이 하나님의 말씀을 믿도록 준비시켰으며 믿기를 기뻐하도록 만들었습니다. 율법이 이미 제 기능을 다 발휘하였고, 모든 죄에서 벗어나려는 실제적인 갈망이 강하여 그 마음을 지배할 때에, 새 언약에 관한 약속은 정말로 깨닫기만 하면 굶주린 사람에게 주는 빵처럼 찾아옵니다. 죄에서 벗어나기가 불가능하다는 미묘한 불신앙은 영원한 언약에 관한 조항을 받아들이는 능력을 좀먹습니다. 우리는

"나를 경외함을 그들의 마음에 두어 **나를 떠나지 않게 하고**", "내 신을 너희 속에 두어 **너희로 내 규례를 지켜** 행하게 하리니" 하는 하나님의 말씀을 그 뜻하는 바 대로, 하나님께서 뜻하시는 바 대로 이해하지 않고 자신의 경험에 비추어 어렴풋하게 이해합니다. 그리하여 우리 영혼은 좌절이나, 결코 그렇게 될 수밖에 없다고 이야기하면서 죄에 대한 확신을 불가능하게 하는 자만감에 빠지게 됩니다.

하나님이 말씀하시는 모든 것을 온전히 믿을 수 있기를 갈망하는 모든 독자들에게 말하고 싶은 것은 양심과, 죄를 확신시키는 영이 하는 모든 속삭임을 소중히 여기라는 것입니다. 성급한 마음, 날카로운 말, 사랑이 없거나 인내하지 않고 하는 생각, 이기심이나 자기 고집에 속하는 어떠한 것이 되었든간에, 우리 마음속에서 비난하는 그러한 것을 우리를 훈련시켜 그리스도에게로 이끌고 그리스도의 구원을 충분히 누리도록 이끄는 것으로 소중히 여기십시오. 새 언약은 옛 언약이 줄 수 없었던 죄짓지 않는 능력에 대한 필요를 채우기 위해 마련된 언약입니다. 죄짓지 않는 능력에 대한 필요를 느끼고 나아오십시오. 그리하면 영원한 언약이 보장해 주는 온갖 것을 위해 준비하고 열린 마음을 얻게 될 것입니다. 전능하심과 신실하심으로 자신이 약속하신 일을 이루실 수 있으시며 이루실 하나님을 겸손하게 전적으로 신뢰하게 될 것입니다.

7 새 언약은 성령의 직분이다

"너희는 우리로 말미암아 나타난 그리스도의 편지니 이는 먹으로 쓴 것이 아니요 오직 살아 계신 하나님의 영으로 한 것이며 또 돌비에 쓴 것이 아니요 오직 육의 심비에 한 것이라 … 우리의 만족은 오직 하나님께로서 났느니라 저가 또 우리로 새 언약의 일꾼 되기에 만족케 하셨으니 의문으로 하지 아니하고 오직 영으로 함이니 의문은 죽이는 것이요 영은 살리는 것임이니라 정죄의 직분도 영광이 있은즉 의의 직분은 영광이 더욱 넘치리라 영광되었던 것이 더 큰 영광을 인하여 이에 영광될 것이 없으나"(고후 3 : 3, 5, 6, 9, 10).

이 통찰력 있는 장을 통해 바울은 고리도인들 사이에서 일하는 자기 사역에 관해 이야기하면서 그 사역의 중요한 특징이 무엇인지 고린도인들에게 되새겨 줍니다. 새 언약을 맡은 자로서 바울은 새 언약의 직분과 옛 언약과 관련되어 있는 모든 부분을 옛 언약의 직분과 대조하고 있습니다. 옛 언약은 돌비에 새긴 것이지만 새 언약은 마음에 새긴 것입니다. 옛 언약은 먹으로 쓸 수도 있었으며, 죽이는 의문(儀文)이었으나 새 언약은 살리는 영에 속한 것입니다. 옛 언약은 정죄하고 죽이는 직분이었으나 새 언약은 의와 생명의 직분입니다. 옛 언약도 하나님께서 정하신 것으로 신령한 축복을 가져다주는 것이었기 때문에 실제로 영광이 있었으나, 그 영광은 지나가 버리는 것으로서 옛 언약을 뛰어넘는 사라지지 않는 영광으로 인해 아무런 영광이 없는 영광이었습니다. 옛 언약에서는 수건이 마음을 덮었으나 새 언약에서는 얼굴과 마음에서 수건이 벗어져 주의 영께서 자유를 주시고 벗은 얼굴로 거울을 보는 것같이 주의 영광을 보며 주와 같은 형상으로 화하여 영광으로 영광에 이르는데, 이는 성령으로 말미암은 것입니다. 놀라운 새 언약의 영광은 주 안에서 그 능력을 입증하여, 신령한 측면의 율법임을 나타냈습니다. 뿐만 아니라 새 언약을 중심으로 사는 마음속에 그 능력을 발휘하여 그 영광을 사람들도 보게 하여 성령으로 말미암아 주와 같은 형상으로 화하여 영광으로 영광에 이르게 하였습니다.

  이러한 대조를 좀더 생각해 보십시오. 옛 언약은 죽이는 의문이었습니다. 율법은 문자적인 가르침으로, 문자적인 가르침이 알려주는 하나님의 뜻에 따라서 사람에게 경외감과 사랑을 불러일으키고, 사람의 본성적인 마음과 양심과 의지 등의 능력에 호소하려는 것이었습니다. 율법은 사람이 지킬 수 있는 것처럼 말해주었지만 사람이 몰랐던 것, 곧 순종할 수 없다는 것을 확신하게 하였습니다. 따라서 옛 언약은 "생명에 이르게 할 그 계명이 내게 대하여 도리어 사망에 이르게 하는 것이 되었도다"(롬 7 : 10) 하는 그 소임을 다 이루었습니다. 그와 반대로 새 언약에서는 모든 것이 얼마나 달라졌는지 모릅니다. 의문(儀文) 대신에 우리는 생명을 주는 성령을 간직하고 있으며, 그 성령은 우리를 바로 하나님의 생명인 하늘의 생명을 우리 안에 불어넣어 줍니다. 외부적인 가르침으로 마음속을 움직이려는 헛된 시도 대신에 성령과 율법이 마음속에 들어가게 되어 삶과 행동을 통해 그 하시는 일이 밖으로 드러납니다.

이러한 내용은 새 언약이 지니는 특별한 복을 생각나게 합니다. 구원을 이루시면서 하나님은 우리에게 놀라운 두 가지 선물을 주셨습니다. "하나님이 그 아들을 보내사…율법 아래 있는 자들을 속량하시고 우리로 아들의 명분을 얻게 하려 하심이라 너희가 아들인 고로 **하나님이 그 아들의 영**을 우리 마음 가운데 **보내사** 아바 아버지라 부르게 하셨느니라"(갈 4:4, 5, 6). 여기서 우리는 하나님께서 구원을 이루실 때 하시는 두 가지 일을 봅니다. 하나는 좀더 객관적인 것으로 우리가 하나님의 자녀가 되게 하시려고 하신 일로 자신의 아들을 보내신 일입니다. 두번째는 좀더 주관적인 것으로 우리가 하나님의 자녀답게 살게 하시려고 하신 일로 아들의 영을 우리 마음속에 보내신 일입니다. 첫번째 일을 통해 우리는 구속의 역사에 대하여 외부적인 확증을 얻으며, 두번째 일을 통해서 구속의 역사를 내적으로 받아들입니다. 첫번째 일은 두번째 일을 준비하기 위한 것입니다. 이 두 가지 일이 합쳐져서 하나의 위대한 전체를 이루며, 그 두 가지 일은 서로 나뉠 수가 없는 일입니다.

본문 말씀이나 성경 다른 구절에서 뿐만 아니라 예레미야서와 에스겔서에서도 알 수 있듯이 신약의 약속을 살펴보면,

구원에 관해 품으신 하나님의 위대하신 목적은 사람의 마음을 소유하시려는 것입니다. 마음은 참된 생명입니다. 사람은 마음으로 사랑하고 뜻을 지켜나가고 행동하며, 그 마음이 그 사람을 만듭니다. 하나님은 우리를 향한 하나님의 사랑과 영광을 나타내시려고 사람의 마음을 하나님께서 머무시는 곳으로 만드셨습니다. 하나님은 그리스도를 보내셔서 구속의 일을 이루셨으며 그 일을 통해 사람의 마음을 다시 하나님께로 회복시킬 수 있었습니다. 사람의 마음을 하나님께로 회복시키는 일외에 다른 일로는 하나님을 기쁘시게 할 수가 없었습니다. 그리고 그 일은 바로 성령께서 하나님의 자녀의 마음을 하나님의 뜻에 합당하게 만드실 때에 성취되는 일입니다. 그리스도께서 하시는 구속에 관한 일, 곧 그리스도의 속죄와 승리, 찬양과 중재, 하나님 우편에 계신 영광 모두가 단지 하나님의 은혜의 참된 영광인 마음을 새롭게 하여 하나님의 성전이 되게 하는 준비일 뿐입니다. 하나님은 그리스도를 통해 성령을 주시고, 그 성령께서 하나님이 우리 영혼을 위해 하셨고 또한 하시고 계신 일을 우리 마음속에 역사하게 하셔서 우리가 마음으로 하나님을 찬양하게 합니다.

가르칠 때 보면, 그리스도께서 십자가에서 이루신 일이나 하늘에서 이루고 계신 일을 성령을 통해 우리 마음속에서 이루시는 일에 더 중점을 두는 경우가 아주 많습니다. 그러한 결과로 교회는 성령의 내주하심과 성령께서 마음의 생명으로 권능으로 역사하신다는 것을 거의 모르는 삶을 살게 되었습니다. 새 언약이 뜻하는 바를 주의깊게 살펴본다면 "그 아들의 영을 우리 마음 가운데 보내사" 하는 말이 실제로 어떻게 해서 그리스도의 구속의 역사에 대한 완성이요, 절정이 되는가를 깨닫게 됩니다. 우리는 이 약속이 뜻하는 바를 곰곰히 생각해 보아야 합니다.

옛 언약에서는 사람이 해야 할 일을 하는 데 실패했지만 새 언약에서는 하나님께서 사람 안에서 모든 일을 하실 것입니다. 옛 언약은 단지 죄를 깨닫게 할 뿐이었습니다. 새 언약이 죄를 제거하고 혼탁한 마음을 깨끗하게 할 것입니다. 옛 언약에서는 마음이 잘못된 것이었지만 새 언약에서는 새로운 마음을 베푸시며 그 안에 하나님께서 하나님을 경외하는 마음과 하나님의 율법과 사랑을 심어주십니다. 옛 언약은 순종하라고 명령하였으나 순종을 보장해 주지는 못했습니다. 그렇지만 새 언약에서는 하나님께서 직접 우리가 하나님의 규례를 지켜 행하게 하십니다. 새 언약은 사람이 참으로 거룩하게 되고, 진심으로 하나님과 이웃을 자기 몸처럼 사랑하는 법을 진정 이루고, 하나님께서 기뻐하시는 일을 정말로 행할 수 있게 할 것입니다. 새 언약은 그리스도의 형상을 좇아 영광으로 영광에 이르도록 사람을 변화시킵니다. 이러한 일은 모두 하나님의 아들의 영을 우리 마음속에 주셨기 때문에 가능한 것입니다. 옛 언약은 아무런 힘이 없었습니다만 새 언약에서는 모든 일이 성령 곧 하나님의 힘의 능력으로 이루어집니다. 하늘 보좌 위에서 그리스도께서 다스리시는 것과 그 능력이 완전한 것이듯, 우리에게 주신 성령을 통해 마음의 보좌에 앉으신 그리스도의 통치도 완전한 것입니다.

새 언약의 삶이 지니는 특징을 한데 모아, 위대한 구속의 대상인 하나님의 자녀가 품는 마음을 살펴볼 때에, 비로소 우리는 새 언약이 우리에게 보장하는 것이 무엇이며 언약의 하나님께 우리가 기대해야 할 것이 무엇인지를 깨닫기 시작할 것입니다. 성령께서 하시는 일의 영광은 바로 하나님께서 우리 마음을 하나님의 사랑으로 채우시고 하나님께서 머무실 곳으로 만드실 수 있도록 하는 일임을 깨닫게 될 것입니다.

우리를 위해 죽으러 오신 하나님의 아들의 가치는, 하나님이 보시기에 영혼의 가치와 영혼을 구원하시기 위해 하셔야 했던 일의 위대함을 결정하시는 기준이 됩니다. 아버지와 아들의 영이신 성령의 신령한 영광이, 하나님께서 자신을 위해 우리 마음을 전부 소유하기를 갈망하시는 것과, 우리 안에서 이루어져야 할 일의 영광과, 그 일을 이루실 능력을 결정하는 기준이 되어야 한다는 것을 깨달읍시다.

성령께서 하시는 일의 영광은 주님의 영광과 하나도 다를 바 없다는 것을 깨닫게 될 것입니다. 그 영광은 하늘에만 있는 것이 아니라 우리 안에 머무시고 사시면서 주와 같은 형상으로 화하여 영광으로 영광에 이르게 하기 때문입니다. 하늘에서 우리의 높임을 받으시는 주님의 헤아릴 수 없는 영광은, 이 땅에서 우리 안에서 주를 영화롭게 하시며 주님의 영광을 비추시면서 우리를 주님의 형상으로 닮아가게 하시는 성령님의 지극하신 영광으로 대체되는 것입니다.

새 언약을 성령의 사역으로 받아들이지 않는다면, 구원하고 축복하시는 데 아무런 능력을 나타내지 못합니다. 성령을 무시하고 근심시키는 것에 따라, 혹은 성령께 굴복하고 의지

하는 정도에 따라 성령은 크게 또는 작게 역사하십니다. 성령님을 찬양하고, 우리를 위해 기다리며 하시려는 모든 것을 바라며 받아들여 성령을 새 언약의 영으로 인정합시다.

성령은 언약을 통해 주시는 가장 위대한 선물입니다. 성령께서 하늘로부터 오심은 언약의 중보자가 영광 가운데 보좌에 앉아 계시며, 우리가 천상적인 삶에 지금 참여할 수 있도록 하신다는 증거였습니다.

성령은 언약이 뜻하는 바를 가르쳐 주시는 유일한 교사로 우리 마음속에 머무시면서 마음속 생각과 소망이 하나님께서 우리를 위해 마련하신 것을 향하도록 밝히십니다.

성령은 믿음의 영으로, 성령이 아니시면 이해하지 못할 새 언약이 역사하는 축복과 능력을 믿게 하시며, 우리 안에 그러한 축복과 능력을 지속시켜 주시는 분이십니다.

은혜의 영이요 능력의 영으로 성령님을 통해서 방해받지 않고 언약에 순종하면서 하나님과 교제할 수 있습니다.

성령은 새 언약이 주는 모든 약속을 가지고 계시며, 유지시키시며, 전달해 주시는 분이시며, 예수님을 계시하시고 영화롭게 하시는 분이시며, 예수님을 중간에서 알리시고 보증하시는 분입니다.

많은 사람들이 성령을 현재 계시며, 머무시며, 모든 것을 깨닫는 새 언약의 선물로 온전히 믿어 그 충만하신 복의 문턱에 이르렀습니다.

하나님의 자녀는 당장 하나님의 계획 안에서 성령께서 지배하시는 삶을 살기 시작하십시오. 하나님 앞에서 잠잠하여 하나님께서 우리 안에 계시다는 것을 믿고 아버지 하나님께 성령을 통해 내 안에 역사해 달라고 기도하십시오. 거룩한 경외감으로 자신의 몸과 영혼을 성령의 전으로 여기십시오. 성령의 거룩하신 임재와 역사하심을 깨달음으로 거룩한 고요와 경외감으로 자신을 채우십시오. 그리고 하나님께서 우리에게 바라시는 모든 것을 그리스도께서 성령을 통해 우리 안에서 이루실 것을 확신하십시오.

8 옛 언약에서 새 언약으로

"양의 큰 목자이신 우리 주 예수를 영원한 언약의 피로 죽은 자 가운데서 이끌어 내신 평강의 하나님이 모든 선한 일에 너희를 온전케 하사 자기 뜻을 행하게 하시고 그 앞에 즐거운 것을 예수 그리스도로 말미암아 우리 속에 이루시기를 원하노라"(히 13 : 20, 21).

옛 언약은 천천히 단계적으로 새 언약으로 바뀐 것이 아니라 굉장한 분기점을 통해 바뀌었습니다. 그리스도의 죽으심은 옛 언약이 끝났음을 뜻했습니다. 그리스도께서 영원한 언약의 피로 죽음에서 부활하심으로써 새 언약은 시작되었습니다. 분기점에 이르기까지 준비하는 시간은 길고도 더디지만, 휘장이 찢어진 일은 옛 예배가 끝났음을 상징하는 일로 일순간에 일어난 일이었습니다. 단번에 죽으심으로 율법과 선지자의 완성자로서 하신 그리스도의 사역은 끝이 났습니다. 영원한 생명의 능력으로 부활하심으로 생명의 언약을 소개하셨습니다.

이러한 사건들은 각 언약이 나타내는 특징을 발견해 낼

때, 너무나도 중요한 뜻을 지닙니다. 그리스도의 죽음은 옛 언약이 지니는 참된 속성을 보여줍니다. 옛 언약은 또 다른 곳에서 "죽게 하는 직분"(고후 3 : 7)이라고 하였습니다. 옛 언약이 가져다 주는 것은 죽음밖에 없습니다. 옛 언약은 죽음으로 끝이 났습니다. 죽음을 통해서만 죽음 아래 살던 삶은 끝이 날 수가 있었습니다. 새 언약은 생명의 언약이 되었으며, 그리스도를 죽음에서 일으킨 부활의 전능하신 능력을 통해 새 언약은 태어났습니다. 새 언약이 지니는 특징과 축복은 새 언약이 주는 모든 것들이 약속에 그치는 것이 아니라 영원한 생명의 능력으로 경험할 수 있다는 것입니다. 죽음은 옛 언약이 전적으로, **효과가 없으며 부족하다는 것**을 보여줍니다. 생명은 새 언약이 제시해야 할 모든 것을 언제까지나 알려줍니다. 옛 언약과 새 언약의 분기점을 완전히 깨닫게 되면 "아버지의 영광으로 말미암아 그리스도를 죽은 자 가운데서 살리심과 같이 우리도 새 생명 가운데서 행하게 하려" 하시는 그때에 우리 삶에 실제로 나타나는 변화를 이해할 수 있게 됩니다.

옛 언약과 새 언약의 차이는 본문 앞구절에 나온 말씀을 통해 분명하게 설명되어 있습니다(히 9 : 16). 새 언약이 설 수 있기 위해서 죄를 속하는 죽음이 있어야 한다고 말한 다음에 "유언은 유언한 자가 죽어야 되느니" 하고 저자는 덧붙입니다. 어떠한 상속자든 유업을 먼저 소유하고 있던 사람인 유언자가 죽어야만 유업을 이어받습니다. 이전의 소유권, 옛 생명은 새로운 상속자와 새 생명이 유업을 이어받을 수 있도록 완전히 사라져야 합니다. 오직 죽음만이 소유권을 넘겨

주게 할 수 있습니다. 그러한 사실은 그리스도에게서나, 옛 언약과 새 언약의 삶에서나, 우리가 옛 언약에서 벗어나서 새 언약과 관계를 맺기 시작하는 일에서도 똑같습니다. 우리가 얽매였던 것에 대하여 죽음으로써 율법에서 벗어났으니 (그리스도 입장에서 해방을 이루심) "영의 새로운 것으로 섬길 것이요(우리의 경험 속에서 변화를 이루심) 의문의 묵은 것으로 아니할지니라" 함과 같습니다.

변화가 실제적이고도 완전한 것이 되려면 죽음을 통해서 변화가 일어나야 합니다. 언약의 중보자이신 그리스도에게서도 그러하였듯이 언약을 이어받을 주의 백성에게도 그것은 마찬가지입니다. 그리스도 안에서 우리는 죄에 대해 죽으며, 그리스도 안에서 우리는 율법에 대해 죽습니다. 아담이 하나님 앞에서 죽고, 우리가 아담을 좇아 범죄함으로 죄 안에서 죽게 되고 하나님과 하나님의 나라에 대해 죽게 되었듯이, 그리스도 안에서 우리는 죄에 대해 죽고 죄와 죄의 지배에서 진정 벗어난 새로워진 마음을 물려받습니다. 성령께서 하나님께 살은 자라는 한 가지 조건으로 죄와 율법에 대해 죽었음을 계시하는 때는 우리가 옛 언약에서 새 언약으로 바뀌는 과정을 완전히 깨닫게 될 때입니다.

옛 언약은 "죽게 하는 직분"이었으며, 그래야만 했습니다. 옛 언약이 그 직분을 다 끝마칠 때까지는 절대로 옛 언약의 능력에서 완전히 벗어날 수 없습니다. 자신은 고쳐질 수 없도록 사악하고 죽어 마땅한 사람이라 생각하고, 하나님 앞에 전적으로 무능함을 고백하고 하나님의 역사하심에 온전히 굴복하여 엎드리면서 자신에 대해 죽고, 자신의 유일한 소망

되시는 그리스도와 함께 십자가에 죽기로 하고 그렇게 하는 것만이 구원받을 수 있는 길임을 믿음으로 받아들이는 사람, 그러한 사람만이 성령의 이끄심을 받아 새 언약이 제시하는 삶을 온전히 누리는 사람으로 준비됩니다. 그 사람은 그리스도와 함께 죽는 것이 어떻게 자기의 노력을 완전히 끝나게 하며, 그리스도 안에서 하나님을 향해 살 때에 모든 일을 어떻게 하나님께서 직접 역사하시는가를 깨달아 배우게 될 것입니다.

본문 말씀이 이러한 진리를 얼마나 잘 드러내는가 보십시오. 그리스도께서 죽음에서 부활하신 일이 하나님께서 직접 하신 일이었듯이, 우리의 영적인 삶도 똑같이 전적으로 하나님께서 역사하시는 삶이 되어야 합니다. 그리스도께서 죽음에서 생명으로 옮기우신 과정이 실제적이고도 놀라운 일이었듯이, 새 언약이 가져다 주는 삶을 우리가 경험하는 것도 실제적이고도 놀라운 일이 되어야 합니다. 두 구절의 주제를 주목하여 보십시오. 20절에서는 그리스도를 죽음에서 일으키실 때에 하나님께서 **하셨던** 일을 보며, 21절에서는 하나님께서 그 앞에 즐거운 것을 **우리 속에서 이루실 것을** 봅니다. 20절에 "양의 큰 목자이신 우리 주 예수를 영원한 언약의 피로 죽은 자 가운데서 이끌어내신 평강의 하나님"으로, 21절에는 "모든 선한 일에 너희를 온전케 하사 자기 뜻을 행하게 하시고 그 앞에 즐거운 것을 예수 그리스도로 말미암아 우리 속에 이루시기를 원하노라" 하면서 그 이루신 일과 이루실 일이 나타납니다. 주 예수님에 관한 이름이 두 번 나타납니다. 첫번째 경우에는 하나님께서 우리를 위해 그리스도께 하신 일, 곧 그리스도를 죽음에서 일으키신 것에 관해 이야기하면서 예수님의 이름을 언급하고 있습니다. 두 번째 경우에는 하나님께서 그리스도를 통해 우리 안에서 행하시는 일, 곧 그 앞에 즐거운 일을 우리 속에 이루시는 것에 관해 이야기하면서 예수님의 이름을 언급하고 있습니다. 그리스도의 죽음을 통해 우리는 그리스도께서 철저하게 연약한 가운데서 하나님께서 모든 일을 이루시고 생명을 주시도록 의지하고 있음을 봅니다. 하나님은 놀라운 변화를 이루셨습니다. 우리 안에서도 똑같은 것을 봅니다. 우리도 우리 자신을 그러한 죽음에 내맡기며, 전적으로 자신이 행하기를 그치며, 무덤 안에서 하나님께서 모든 일을 이루시기를 바랄 때에만, 부활의 생명이신 하나님께서 그 기뻐하시는 모든 일을 이루실 수 있습니다.

속죄와 죄의 권세를 깨뜨리는 "영원한 언약의 피로" 하나님은 부활을 이루셨습니다. 그와 똑같은 피를 통해서 우리는 구속되며 죄의 권세에서 벗어나 그리스도의 부활의 생명에 참여하게 됩니다. 새 언약에 관한 공부를 하면 할수록 새 언약의 유일한 목표가 타락한 사람을 창조하셨던 하나님 안의 생명으로 회복시키려는 것임을 깨닫게 될 것입니다. 새 언약은 먼저 그리스도의 죽음을 통해 사람을 죽음의 권세에서 벗어나게 하고, 다음으로 하나님께서 성령으로 모든 일을 이루실 수 있도록 사람의 마음과 삶을 소유하여 그러한 일을 실제로 이룹니다.

옛 언약과 새 언약에 관하여 히브리서에 나타나는 전체적인 논조는 이 두 구절 말씀 속에 요약되어 있습니다. 그리스도를 죽음에서 일으키셨듯이, 영원한 언약의 하나님은 모든 선한 일에 우리를 온전케 하사 자기 뜻을 행하게 하시고 그 앞에 즐거운 것을 예수 그리스도로 말미암아 우리 속에 이루실 것입니다. 우리가 하나님의 뜻을 행하는 까닭은 창조와 구속 때문입니다 하나님께서 우리 속에서 이루시는 모든 일은 우리를 구속하셨기 때문에 가능한 일이었습니다. 율법과 노력과 실패의 옛 언약은 정죄와 죽음으로 끝이 났습니다. 새 언약은 율법을 죽이고 자신이 전적으로 무능하다는 사실을 깨닫게 된 사람들에게 마음에 율법을 새겨줄 것입니다. 이때에 성령께서 그 마음에 계시며 하나님은 바라시고 행하시는 모든 것을 예수 그리스도를 통해 이루실 것입니다.

아! 언약하신 가운데 돌아가신 그리스도께서 하나님의 능력으로 살아나시는 변화는, 옛 언약이 우리를 죽일 때 하나님께서 우리 속에서 모든 일을 이루심으로 우리가 옛 언약에서 새 언약으로 변화되는 모습이며, 형상이며 능력임을 하나님께서 계시하시기를 바랍니다!

그리스도에게 옛 것이 새 것으로 바뀌는 일은 갑작스럽게 일어난 일이었습니다. 신자들에게도 그러할까요? 늘 그렇지는 않습니다. 변화의 과정은 계시되는 것에 따라 달라집니다. 종의 멍에를 메고 한숨짓고 괴로워하던 신자가 어느 한 순간에 새 언약이 성령의 사역을 통해 마음과 내적인 삶에 가져다 준 구원이 참으로 완전한 것임을 깨닫게 되어 믿음으로 당장에 해방감을 얻게 되는 일은 많습니다. 한 날의 새벽처럼 차츰 하나님의 빛이 마음속에 떠오른 경우도 많습니다. 새 언약이 주는 특권을 누리라는 하나님의 명령은 즉시 받아들여야 할 시급한 명령입니다. 신자들은 누구나 새 언약의 자녀이며 새 언약이 주는 모든 약속의 상속자입니다. 유언자의 죽음은 즉시 유산을 소유할 충분한 권리를 줍니다. 하나님은 우리를 약속의 땅으로 인도하시기를 갈망하시는데 다만 불신앙이 그곳에 이르지 못하게 한다는 것을 깨닫도록 합시다.

그토록 놀라운 변화가 자기 삶에도 일어날 것인가 의심을 품는 사람이 있을 수도 있습니다. 그렇지만 그러한 변화를 소망하는 마음이 조금이라도 있다면 그 사람은 자신이 무엇을 해야 할지 기꺼이 알고자 한 것입니다. 이제 막 이야기하였듯이 유언자가 죽으면 상속자에게는 곧장 유산에 대한 권리가 생겨납니다. 그렇지만 상속자가 만일 미성년이라면 유산을 소유할 수가 없습니다. 세상에서는 일정한 기간이 지나면 미성년의 단계가 끝이 나고 더 이상 보호자의 지배를 받지 않아도 됩니다. 영적인 삶에서는 미성년의 단계가 해가 지난다고 끝이 나는 것이 아니라 미성년자가 예수 그리스도 안에 있는 자유를 받아들임으로 율법에서 벗어나기에 마땅한가 스스로 깨닫는 순간에 끝이 납니다. 옛 언약에서나, 그리스도에게나, 제자들에게 그랬듯이 때가 차고 모든 것이 준비되었을 때에 변화는 찾아옵니다.

그렇지만 준비되기를 갈망하는 사람은 무엇을 해야 합니까? 그리스도 안에서 자신이 죄에 대해 죽었다는 사실을 받아들이고 그러한 사실을 행동에 옮기십시오. 자기 생명에 속하는 모든 것에 대해 사형 선고를 내리고 하나님 앞에서 자신이 전적으로 쓸모 없고 보잘것 없는 존재임을 늘 인정하고, 겸손과 온유와 인내와, 하나님의 뜻과 자비에 맡기는 마음으로 하나님 앞에 엎드리십시오. 위대하시고 전능하신 하나님께 마음을 고정시키십시오. 하나님은 모든 은혜로 우리가 바라고 생각하는 것에 넘치도록 우리 안에 역사하시며, 우리를 하나님의 자비를 새기는 기념비로 삼으실 것입니다. 은혜의 언약이 주는 갖가지 복이 모두 우리 것이라는 사실을 믿으십시오. 유언자가 돌아가셨기 때문에 우리는 모든 것을 받게 되었습니다. 그러한 믿음 위에서 행하고 모든 것이 우리 것임을 아십시오. 새로운 마음은 우리 것이요, 마음에 새겨진 율법도 우리 것이요, 언약을 인치시는 성령도 우리 것입니다. 이러한 믿음으로 행하고, 하나님을 신실하시고 능히 행하시며, 참 사랑의 분으로 자신의 영원하신 언약이 베푸는 모든 능력과 영광을 우리 안에 계시하시고, 실제로 누리게 하시는 분으로 의지하십시오.

하나님께서 옛 언약과 새 언약 아래 사는 삶의 차이를 우리가 깨닫게 하시기를 바랍니다. 그 차이점이란 바로 하나님께서 우리 안에 역사하시는 것과 더불은 새 언약의 부활의 능력이요, 그리스도와 함께 죽고 그리스도 안에 사는 우리에게 보장된 변화의 능력입니다. 하나님께서 새 언약이 보장하는 모든 것들에 온전히 참여할 수 있기 위해 예수 그리스도를 당장에 믿도록 가르쳐 주시기를 바랍니다.

9 언약의 피

"이는 여호와께서 이 모든 말씀에 대하여 너희와 세우신 언약의 피니라"(출 24 : 8 ; 히 9 : 20).
"이 잔은 내 피로 세운 새 언약이니"(고전 11 : 25 ; 마 26 : 28).
"자기를 거룩하게 한 언약의 피"(히 10 : 29).
"영원한 언약의 피"(히 13 : 20).

피란 가장 심오하고도 깊고, 강력하고도 천상적인 하나님의 발상 가운데 하나입니다. 이 피는 두 가지 언약의 뿌리 부분을 차지하고 있지만 특별히 신약의 뿌리가 되고 있습니다. 두 언약 사이에 가장 큰 차이는, 하나는 짐승의 피고 또 하나는 하나님의 어린 양의 피라는 점입니다! 새 언약의 능력은 하나님의 아들의 피가 지니는 가치와 똑같은 것입니다! 그리스도인은 하나님과 평화를 누리고, 죄에서 정결케 되고 세상을 이기는 능력을 위해 그리스도의 피 만한 것이 없다는 것을 경험으로 알아야 합니다! 우리를 위해 마련된 새 언약의 모든 것과 충분한 관계를 가지려면, 하나님께 귀중한 그리스도의 보혈인 언약의 피가 갖는 가치와 능력을 계시해 달라고 구합시다.

첫 언약 또한 피없이 시작된 것은 아니었습니다. 속죄와 화해없이는 거룩하신 하나님과 거역하는 사람 사이에 어떠한 교제의 언약도 있을 수 없었으며, 죄의 형벌로서 죽음이 없이는 절대로 속죄를 이룰 수가 없었습니다. 하나님은 이렇게 말씀하셨습니다. "내가 이 피를 너희에게 주어 단에 뿌려 너희의 생명을 위하여 속하게 하였나니 생명이 피에 있으므로 피가 죄를 속하였느니라." 죽을 때 뿌려진 피는 사람의 죄를 위해 죽인 희생물의 죽음을 뜻했습니다. 제단 위에 뿌려진 피는 하나님께서 대속적인 죽음을(대속물을 죽임) 죄인을 대신해서 받으셨음을 뜻하였습니다.

이러한 모든 일은 언젠가 놀라운 사실로 나타날 일에 대한 모형이요 그림자였습니다. 그 일은 참으로 사람이나 천사도 전혀 생각할 수 없었던 일이며 모든 지각을 뛰어넘는 일입니다. 영원하신 하나님의 아들은 먼저 육신을 입으신 다음, 자신의 피를 새 언약의 피로 뿌리시어 새 언약을 확증하셨을 뿐 아니라 새 언약의 길을 여셨으며 새 언약을 가능하게 하셨습니다. 모든 사람들의 생각을 뛰어넘어, 예수 그리스도께서는 살아계신 능력이 되셨으며 그 능력으로 말미암아 우리는 새 언약으로 들어갈 수 있게 되었으며 새 언약 안에 있는 모든 삶에 대한 보증을 얻었습니다. 하나님의 아들의 보혈이 지니는 헤아릴 수 없는 가치와 능력에 따라 새 언약 안에서 사는 삶을 기대하게 될 때에야 비로소 하나님의 자녀가 누릴 수 있는 전적으로 초자연적이고도 천상적인 삶을 엿보게 될 것입니다. 성경이 3중의 빛을 통해서 우리에게 그러한 사실을 가르쳐주는 것을 살펴보아야 합니다.
 히브리서 9:15에는 "이를 인하여 그는 새 언약의 중보니 이는 첫 언약 때에 범한 죄를 속하려고 죽으사 부르심을 입은 자로 하여금 영원한 기업의 약속을 얻게 하려 하심이니라" 하고 나와 있습니다. 첫 언약 때에 범한 죄는 다만 상징적으로 속죄한 것뿐이었으므로 하나님 앞에 그 죄가 쌓였던 것입니다. 따라서 그러한 죄들을 속하기 위해서 죽음이 필요했습니다. 하나님의 어린양이 죽으시고 피뿌리신 일로 그러한 죄들이 모두 속하여졌을 뿐만 아니라, 모든 죄의 권세가 영원히 무너졌습니다.
 새 언약의 피는 구속의 피로서, 값을 치루고 죄와 율법의 권세에서 벗어나게 하는 대속의 피입니다. 세상에서는 값을 주고 사면 그 소유권이 옛 주인에서 새 주인에게 완전히 넘어갑니다. 그것이 아무리 굉장한 가치가 있고, 대단한 영향력을 지닌다고 할지라도 일단 값을 지불했으면 그것은 원래 소유하고 있던 사람에게서 완전히 떠나간 것입니다. 죄가 우리를 지배하는 힘은 엄청난 것이었습니다. 어떠한 생각으로도 하나님의 법 아래 있는 우리에게 죄를 정당화 시킬 수는 없으며, 우리를 노예로 만드는 엄청나고도 절대적인 영향력을 정당화 시킬 수는 없습니다. 그렇지만 하나님의 아들의 피가 지불되었습니다. "너희 조상의 유전한 망령된 행실에서 구속된 것은 은이나 금같이 없어질 것으로 한 것이 아니요 오직 흠 없고 점 없는 어린양 같은 그리스도의 보배로운 피로 한 것이니라"(벧전 1:18, 19). 우리는 본래 죄의 지배를 받던 이전의 삶에서 완전하게 영원히 구조되었으며, 다시 값을 주고 산 바 되었으며, 구속되었습니다. 알지 못함으로 혹은 불신앙이나 전적으로 헌신하지 못하는 마음 때문에 죄가 자리잡고 있지 않는 한, 죄는 우리에게 아무런 권리도 가질 수 없으며 어떠한 영향력도 행사할 수 없습니다. 우리가 갖는 새 언약의 권리는 그리스도께서 우리를 자유케 하신 자유 안에서여야 합니다. 하나님의 아들의 피를 통해 값주고 샀으며 온전케 되었으며 보장된, 구속과 자유를 영혼으로 깨닫고 갈망하며, 받아들이고 주장하기까지는 결코 새 언약의 삶을 온전히 누릴 수 없습니다.

우리를 구속하시기 위해 **피를 흘리신 일이** 놀라운 것과 마찬가지로 우리를 깨끗하게 하시려고 **피를 뿌리신 일도** 놀라운 것입니다. 여기에 새 언약이 갖는 또 다른 놀라운 영적인 진리가 있으며, 그 진리는 생명의 영의 사역 없이 사람의 지혜로만 이해할 때는 능력을 발휘하지 못하는 진리입니다. 성경은 "마음에 뿌림을 받아 양심의 악을 깨닫고", "그리스도의 피로 땅에서 죄짓는 마음을 씻으시고"(계 1:5), "그의 피로 우리 죄에서 우리를 해방하시고" 하는 말씀에서 이 강력하고 생명을 주는 어린 양의 피를 직접 우리 마음과 연결시켜 줍니다. 성경은 어린 양의 피가 하나님이 보시는 하나님의 빛 가운데서 우리가 정결하게 행할 수 있게 해준다는 확신을 줍니다. 우리가 새 언약의 피를 알고 믿으며 마음속에 성령의 역사하심을 통해 하나님으로부터 그 피를 받으면, 새 언약의 삶과 행동에 대한 복된 약속이 이루어질 수 있다는 것을 믿기 시작할 것입니다.

성경이 가르치는 새 언약의 피에 관한 또 다른 측면이 있습니다. 유대인들이 모세를 우리 주 예수님과 대조할 때에 예수님은 "인자의 살을 먹지 아니하고 인자의 피를 마시지 아니하면 너희 속에 생명이 없느니라…내 살을 먹고 내 피를 마시는 자는 내 안에 거하고 나도 그 안에 거하나니"(요 6 : 53, 54, 56) 하는 말씀을 하셨습니다. 구속과 피뿌림, 죄씻음, 성결케 하는 일이 우리의 몸과 마음 전체에 스며드는 능력과 역사의 강한 본질을 표현하지 못한 것처럼 귀중한 피를 마시는 일이 영적인 삶을 사는 데 꼭 필요하다고 이야기합니다. 새 언약의 영과 능력을 경험하려면 성령의 능력으로 그리스도의 피 안에 있는 새 언약의 잔을 깊이 들이마셔야 합니다.

죄 때문에 피가 없이는 하나님과 사람 사이에 어떠한 언약도 맺을 수가 없었습니다. 하나님의 아들의 피가 없으면 결코 새 언약이 있을 수 없었습니다. 죄를 제거하는 일이 언약을 맺기 위한 첫째 조건인 것과 마찬가지로 죄를 제거하는 일은 또한 언약을 누리기 위한 첫째 조건이기도 합니다. 우리는 **언약이 주는 축복을 더 깊이 누리기 위해서는 반드시 새로 더욱 철저하게 죄로부터 해방되는 일이 앞서야 한다는** 것을 발견하였습니다. 에스겔서에는 하나님께서 우리가 하나님의 율례를 지켜 행하게 하신다는 말씀에 앞서 "**너희 모든 더러운 것에서 너희를 정결케 할 것이며**" 하는 말씀이 먼저 나옵니다. 그리고 나서 "그들이…그 모든 죄악으로 스스로 더럽히지 아니하리라…내가 **그들을 정결케 한즉** 그들은 내 백성이 되고 나는 그들의 하나님이 되리라 내가 그들과 화평의 언약을 세워서 영원한 언약이 되게 하고"(37

: 23, 26) 하는 말씀이 뒤따릅니다. 그리스도의 피로 죄를 회개하여 던져버리고 정결케 하는 일은 꼭 필요한 일로, 하나님과의 영원한 언약을 맺는 삶을 살기에 충분한 준비 과정일 뿐입니다.

이러한 놀라운 보혈의 능력을 이해하거나 깨닫지 못하고 있다고 생각하는 사람들이 많습니다. 그리스도의 피를 묵상하는 일은 도움이 되지 않으며 기도해도 그들이 바라는 빛이 나타나지 않는 것처럼 보입니다. 그리스도의 피는 신령한 진리이며 모든 생각을 뛰어넘는 것임을 기억하십시오. 다른 모든 영적이고 천상적인 축복과 마찬가지로 이 그리스도의 피는 특별히 성령의 계시를 통해 깨달아야 합니다. 그리스도께서 피 흘리심으로 희생을 드리신 일은 "영원하신 성령"을 통해서 하신 일이었습니다. 우리를 위해 피흘리신 일은 우리에게 성령을 부어주시기 위한 길을 준비하신 것이었습니다. 오직 성령만이 능력으로 영원한 언약의 피를 주실 수 있습니다.

성령께서 그리스도의 피를 주고 산 용서와 그 피가 가져다 주는 평안을 믿는 첫 믿음을 갖게 하시듯, 더 나아가 성령께서는 그리스도의 피가 정결케 하는 능력임을 알고 경험하도록 이끄십니다. 믿음으로, 곧 완전히 이해하지 못하고 정의할 수는 없는 하나님의 능력을 믿지만 그러한 믿음도 하나님의 힘의 능력이 역사하시는 것임을 아는 믿음으로 말미암아 정결케 하시는 능력은 진정 마음을 깨끗케 하십니다. 표적이나 느낌과 상관없이, 감각이나 이성과 상관없이 먼저 깨끗한 마음을 알고 받아들이게 되며 그리고 나서 하나님과 교제하는 기쁨을 경험하게 됩니다. 영원한 언약의 피와 성령께서 정결케 하심을 믿는 일은 참으로 중요합니다! 새 언약 속에 사는 우리의 삶이 전적으로 아버지와 그리스도의 영광을 위한 것이 될 때까지 성령의 사역을 믿읍시다!

아, 언약의 피는 참으로 놀라운 진리 가운데 진리입니다! 은혜 위에 은혜인 것입니다! 지성소와 우리 마음과 새 언약으로 들어가는 길을 여신 하나님의 힘의 능력은 놀라운 것입니다! 그곳에서 우리 마음은 거룩하신 분과 만납니다! 하나님의 성령을 통해 언약의 피가 무엇이며 어떠한 일을 하는가 많이 알게 해달라고 하나님께 구합시다. 옛 언약의 죽음에서 새 언약의 생명으로 옮겨가는 일은 그리스도 안에서 "영원한 언약의 피를 통해" 가능한 일이었습니다. 그 밖에 다른 길은 있을 수가 없습니다.

10 새 언약의 중보자이신 예수님

"너로 백성의 언약을 삼으며"(사 42 : 6 ; 49 : 8).
"너희의 구하는 바 주가 홀연히 그 전에 임하리니 곧 너희의 사모하는 바 언약의 사자가 임할 것이라"(말 3 : 1).
"예수는 더 좋은 언약의 보증이 되셨느니라"(히 7 : 22).
"더 좋은 약속으로 세우신 더 좋은 언약의 중보시라 … 그는 새 언약의 중보니 … 새 언약의 중보이신 예수"(히 8 : 6 ; 9 : 15 ; 12 : 24).

본문에는 새 언약과 관련하여 우리 주 예수님께 붙여진 네 가지 칭호가 나옵니다. 예수님을 언약이라고 부릅니다. 언약의 최종 목표인 하나님과 사람간의 연합은 예수님 안에서 개인적으로 완성되었습니다. 예수님 안에서 사람과 하나님과의 화해가 온전히 이루어지며, 예수님 안에서 하나님의 백성은 온갖 복을 담고 있는 언약을 발견합니다. 예수님은 하나님께서 주신 모든 것이며 우리에게 주어진 보증입니다 … 예수님을 언약의 사자라고 하는데 그 까닭은 예수께서 언약을 세우고 선포하시려고 오셨기 때문입니다 … 예수님은 언약의 확증이며 보증이십니다. 이것은 예수께서 우리 죄를 대신 갚아주셨을 뿐만 아니라, 하나님께서 하나님의 역할을 하실 것이며 우리는 우리가 할 부분을 하리라는 보증이 되시기 때문입니다…또한 예수님은 언약의 중보자이십니다. 왜냐하면 예수께서 속죄의 피를 흘리시면서 언약을 세우셨고, 친히 언약을 이루시고 적용토록 하시며, 예수님을 믿는 믿음으로만 우리가 언약을 누리게 되듯이, 예수님의 부활의 생명과 끊이지 않는 중보의 능력을 통해서만 그 능력에 의지해 언약을 경험하게 되기 때문입니다. 이러한 모든 칭호들은 **새 언약에서는 그리스도가 가장 중요하다**는 한 가지 진리를 보여줍니다.

 주제가 하도 광범위해서 이러한 귀한 진리에 속하는 측면을 모두 이해하기란 불가능할 것입니다. 속죄와 중보를 행하시고, 죄를 사하시고 성령을 주시며, 날마다 은혜와 능력의 교제를 이루시는 그리스도의 사역은 그리스도인들이 믿는 근본적인 진리들입니다. 여기서 그러한 것들에 관해 이야기할 필요는 없습니다. 많은 사람들이 분명히 알아야 하는 것은 새 언약의 중재자이신 그리스도를 믿는 믿음으로 우리가 어떻게 하면 실제로 새 언약이 약속한 온갖 복에 접근하고 그러한 복을 누리게 되느냐 하는 것입니다. 이미 새 언약에 대해 공부하면서 그러한 모든 복들을 얻기 위해서는 하나님이 기뻐하시는 삶을 살고 하나님의 사랑이 자기 안에 풍성하게 넘치도록 하는 유일한 방법으로 사람의 마음이 바르게 되어야 한다는 점이 가장 중요하다는 것을 깨달았습니다. 하나님을 경외하고 온 힘을 다 쏟아 하나님을 사랑하고 하나님의 율례를 지키는 마음을 받아야 한다는 것입니다. 그리스도께서 행하셨고 하시는 모든 일은 신자가 그러한 마음을 받도록 하기 위한 것이며, 더 큰 평안과 교제의 복은 거기서부터 흘러나옵니다. 그러한 마음 안에서 하나님께서 구원하시는 능력과 사랑은 죄를 이기는 증거를 가장 잘 나타내 보입니다. 한 때 죄로 가득하였으나 이제는 은혜가 넘치는 구속된 신자의 마음만큼이나 하나님의 은총과 예수 그리스도의 능력과 구속의 실제와 새 언약이 주는 복을 잘 드러내는 것은 없습니다.

나는 옛 언약의 구속에서 새 언약의 약속과 능력을 경험하도록 이끄심을 받는 영혼에게서 주께서 하시는 일과 차지하시는 위치를 지적해 주는 것보다 구속의 역사를 이루시고 사람의 마음을 모두 소유하실 때 나타나는 우리 주 예수님의 영광을 더 잘 나타내는 방법은 없다고 생각합니다. 단순히 그리스도께서 만인을 위해 하신 일을 생각하는 것보다 그리스도께서 각자에게 행하시는 그리스도의 중보의 사역을 살펴볼 때, 주께서 실제로 이루시는 일의 영광과 위대함을 더 명확하게 이해하게 될 것입니다. 세상에서 신자가 마음에 구속을 적용시키려 할 때에는 죄가 가득해서 죄의 권세가 나타나 보입니다. 어떻게 하여야 새 언약의 복을 누리는 삶을 시작할 수 있는지 살펴봅시다.

그 첫번째 단계는 자기 죄를 깨닫는 것입니다. 죄를 깨닫는 사람은 새 언약이 주는 약속들을 경험할 수 없다는 사실을 깨닫습니다. 자기 안에 죄가 있을 뿐 아니라, 분노나 자기 고집이나 세상적인 것과 하나님의 율법에 어긋나는 것으로 알려진 다른 모든 것들을 자신이 이기지 못한다는 사실을 깨닫습니다. 하나님의 부르심에 순종하고 하나님께서 채워주시리라는 것을 믿고, 특권으로 주신 그리스도의 사랑 안에 살며, 하나님을 기쁘시게 해드리는 거룩하게 행동하는 모든 일 가운데 그 사람의 양심은 그를 정죄합니다. 새 언약에 대한 생각과 갈망은 반드시 이처럼 자기 죄를 깨닫는 데서 일어나야 합니다. 새 언약이 이야기하는 자유란 꿈일 뿐이라고 믿는 마음으론 어떠한 것도 할 수가 없습니다. 그렇지만 자신의 상태가 만족스럽지 못하여 더 나은 어떠한 것을 갈망하게 되었다면 그 마음은 새 언약이 알려주는 약속을 받을 준비가 되어 있는 것입니다.

새 언약은 우리를 죄의 지배에서 벗어나게 하기 위한 것입니다. 새 언약의 삶을 충분히 누리기 위해서는 죄의 지배에서 벗어나려는 강한 열망이 있어야 합니다.

그러면 두번째 단계에 이릅니다. 새 언약이 약속하는 죄에서 정결케 하는 것과 하나님을 경외하는 마음과 하나님의 법으로 가득찬 마음과 하나님의 명령을 지키고 결코 하나님을 떠나지 않는다는 문자적인 조항들에 마음을 쏟고, 새 언약을 친히 이루실 언약의 보증이신 예수님을 주목하고, 구속의 세월 이후 그러한 모든 일들을 어떻게 자신들 안에서 이루셨는가 선포할 수 있는 증인들의 목소리를 들을 때에, 죄에서 벗어나고자 하는 갈망은 소망으로 발전하기 시작하며, 축복된 삶을 살기 시작하기 위해 필요한 것이 무엇인지 갈구하게 됩니다.

그러면 다음으로 세번째 단계에 이릅니다. 그처럼 갈구하는 마음은 기꺼이 모든 악한 행실과 자기 고집과 세상을 좇는 마음을 모두 버리고, 오로지 예수 그리스도 한 분께 자신을 굴복시키겠는가 하는 질문을 하기에 이릅니다. 하나님은 자신을 위해 신자를 온전히 소유하시기까지는 그 사람을 온전히 소유하실 수 없으며 그 사람 안에서 강력하게 역사하실 수 없습니다. 어떠한 희생이라도 할 각오가 되어 있는 사람은 복된 사람입니다.

이제 마지막으로 가장 쉬우면서도 때로는 가장 어려운 단계에 이릅니다. 이 단계에서는 예수님을 중보자로 알아야 합니다. 거룩한 삶과 죄를 이기는 것에 관한 새 언약의 약속을 듣고, 우리 믿음을 따라 그러한 약속이 틀림없이 우리에게 이루어지기를 요구한다고 할지라도 두려움으로 마음이 약해지는 경우가 종종 있습니다. 기꺼이 그럴 마음은 있지만 계속해서 온전히 굴복할 수 있을까? 실제로 지속적으로 누리도록 주신 그러한 복을 깨달아 받을 만한 능력인 굳건한 믿음이 내게 있는가? 그러한 질문들은 한 가지 해답을 발견하기까지 얼마나 마음을 어지럽히는지 모릅니다. 그 한 가지 대답이란 예수님이십니다! **내가 굴복하고 믿도록 능력을 주시는 분은 바로 예수님입니다.** 속죄와 중보의 사역을 이루실 때와 마찬가지로 이러한 능력을 주시는 것도 전적으로 예수께서 홀로 하시는 일임이 분명합니다. 이기시고 보좌에 오르신 일이 분명히 예수께서 하신 일이었듯이, 개인의 영혼을 지배하시는 것을 입증하는 일도 예수께서 하시는 일임이 분명합니다. 신령한 능력으로 우리 안에서 교제하시고 이기게 하시는 삶을 지속시켜 주는 일을 하시는 분은 살아 계신 예수님입니다. 예수님은 언약의 중보자이시며 보증이십니다. 예수님은 하나님의 사람으로 하나님께서 요구하시는 모든 일을 떠맡으셨을 뿐만 아니라 우리에게 필요한 모든 것까지도 맡아 감당하시는 하나님이시며 사람이십니다.

이러한 사실을 알고나면 신자는 회심의 경우와 마찬가지로 여기서도 모든 것은 믿음에 속한 문제임을 깨닫게 됩니다. 이때 필요한 한 가지 일은 자기와, 자기가 할 수 있는 일이나 해야 할 모든 일들로부터 돌이켜 자기 자신을 버리고 예수님의 품에 안기는 것입니다. 예수님은 새 언약의 중보자로 우리를 새 언약으로 이끄는 분이십니다. 우리는 하나님이 자녀된 덕분에 예수님과 새 언약의 온갖 복이 이미 우리 것이라는 확신을 가져야 합니다. 이제 사용하지 않은 채 두었던 것을 취해 누리게 될 소망을 가져야 합니다. 그리고 예수께서 현재 우리가 누려야 할 유산을 요구하여 받아들이는 데 필요한 능력을 주신다는 믿음을 가질 때 마음은 담대하게 행하며 하늘의 선물인 더 나은 약속들을 따라 그리스도 안에 사는 삶을 누리려고 할 것입니다. 이제 그리스도 예수 안에 있는 믿음으로 하늘에서나 우리 마음속에서나 그리스도가 새 언약의 개인적인 중보자이심을 알았습니다. 예수님은 중보자로서 하나님과 **우리** 사이에 새 언약을 우리가 경험하도록 이루십니다.

성령을 통해 그리스도께서 마음속에 행하시는 일을 너무 강조하다 보면 그리스도께서 하신 일과 계속하고 계신 일을 믿는 데서 벗어나 그리스도께서 하시는 일을 경험하는 쪽에 치우치게 될 수도 있다는 두려움도 때로 있었습니다. 해답은 간단합니다. **오로지 마음으로만** 그리스도를 진정으로 알 수 있으며 높일 수 있습니다. **마음속에서** 은혜의 역사가 이루어져야 하며 그리스도의 구속의 능력이 나타나야 합니다. 오로지 **마음속에서만** 성령께서 자기 일을 하시며 **마음속에서** 성령께서 그리스도와 비슷한 일을 하셔야 하며, **마음속에서만** 성령께서 그리스도를 영화롭게 하실 수 있습니다. 성령께서는 **우리 안에** 그리스도의 구속의 능력을 계시하시는 방법을 통해서만 그리스도를 영화롭게 하실 수 있습니다.

우리가 마음을 정결케 하고, 바르게 지키기 위해 **마땅히 해야 할 일**에 대해 말한다면 두려움만 느끼게 될 것입니다. 그렇지만 새 언약은 우리에게 정반대의 것을 요구합니다. 새 언약이 우리를 위해 확보해 둔 속죄와 하나님의 공의에 관해 말하는 것은 오로지 하늘 지성소에 있는 우리의 영광일 것입니다. 이 마음의 지성소에서 거룩하게 하시는 그리스도의 사역은 하나님의 공의를 우리가 구해야 하는 것으로 깊이 깨닫도록 해줄 뿐입니다. 새 언약의 약속들을 완성하는 일로서 성령께서 정결케 하시는 일은 그저 그리스도의 것들을 취해서 우리에게 계시하시고 알려주시는 것뿐입니다. 새 마음이라는 새 언약의 선물을 맛보아 간직하게 될수록 새 언약의 중보이신 그리스도를 아는 지식과 사랑이 더욱 충만케 될 것이며, 그리스도 안에서 더욱 기뻐하게 될 것입니다. 새 언약은 마음과 관계있는 언약이므로 마음속에서 그리스도를 발견할 수 있으며 **믿음으로** 그리스도께서 **그 마음에 거하실 수 있습니다.** 느낌이나 경험에 비추어서가 아니라 하나님의 언약을 믿는 믿음을 통해서 새 언약의 마음을 살펴본다면, 하나님께서 하시듯이 그 마음에 대해 생각하고 말하게 될 것이며, 그리스도께서 마음속에 자신을 계시하시고 그리스도와 아버지 하나님께서 그 마음을 자신들의 거할 처소로 만드신다는 것이 어떠한 것인가를 깨닫기 시작할 것입니다.

11 더 좋은 언약의 보증이신 예수님

"또 예수께서 제사장 된 것은 맹세없이 된 것이 아니니 … 이와 같이 예수는 더 좋은 언약의 보증이 되셨느니라 그러므로 자기를 힘입어 하나님께 나아가는 자들을 온전히 구원하실 수 있으니 이는 그가 항상 살아서 저희를 위하여 간구하심이니라"(히 7 : 20, 22, 25).

보증인은 어떤 사람이 약속을 충실히 지킬 것에 대해 법적 책임을 대신 지는 사람입니다. 예수님은 새 언약을 보증하시는 분입니다. 예수님은 하나님께서 언약에서 맡으신 부분을 신실하게 수행할 것을 우리에게 보증하십니다. 또한 하나님께 대하여는 우리의 보증인이 되셔서 우리가 맡은 부분을 마찬가지로 성실하게 수행할 것을 책임지십니다. 하나님과 언약을 맺고 살아가려면 예수께서 우리에게 확증해 주신 것이 무엇인지 아는 일이 가장 중요합니다. 우리가 예수님을 더욱 잘 알고 믿을수록 언약에 담긴 모든 약속과 요구가 이루어질 것이라는 확신과, 예수께서 언약의 보증이 되시므로 우리가 실제로 하나님의 언약을 성실하게 지키며 살 수 있다는 확신을 갖게 될 것입니다. 예수님은 하나님의 성실하심과 우리의 성실을 똑같이 확고하게 하십니다.

본문에는 예수께서 더 좋은 언약의 보증이 되신 것은 하나님께서 맹세로 예수께서 제사장 된 것을 보증하셨기 때문이라는 말씀을 봅니다. 하나님의 맹세로 인해 우리는 예수님의 보증인의 지위가 더 좋은 언약을 보장해 주리라는 확신을 가집니다. 하나님의 맹세가 지니는 뜻과 무한한 가치는 본문 앞장에 잘 설명해 놓았습니다. "맹세는 저희 모든 다투는 일에 최후 확정이니라 하나님은 약속을 기업으로 받는 자들에게 그 뜻이 변치 아니함을 충분히 나타내시려고 그 일에 맹세로 보증하셨나니 이는 하나님이 거짓말을 하실 수 없는 이 두 가지 변치 못할 사실을 인하여 앞에 있는 소망을 얻으려고 피하여 가는 우리로 큰 안위를 받게 하려 하심이라"(히 6 : 16-18). 이렇듯이 우리는 분명한 약속이 담긴 언약을 소유하고 언약의 보증이신 예수님을 모시고 있을 뿐만 아니라 그 배후에는 우리가 하나님의 뜻과 약속은 변치 않으신다는 온전한 확신을 가질 수 있도록 예수님과 우리 사이에 맹세로 관여하시는 살아계신 하나님을 모시고 있습니다. 이러한 언약을 통해 하나님께서 바라시는 목적과 그 목적과 관련하여 요구하시는 것은 오로지, 하나님의 약속이 아무리 어려워 보이든지 놀랍게 느껴지든간에 그 약속을 이루시리라는 것을 절대적으로 확신하는 것임을 깨닫기 시작하고 있지는 않습니까? **하나님께서 맹세하신 것에 대해서는 어떠한 두려움이나 의심도 품을 필요가 없습니다.** 아브라함처럼 하나님께 영광을 돌리고 하나님께서 약속하신 것을 이루실 수 있음을 절대적으로 확신하는 믿음을 갖게 되기까지는 언약을 이해하려고도 언약을 통해 기대할 수 있는 것을 판단해 보거나 말하지도 말아야 하며 더욱이 언약의 복을 경험하려는 것은 말할 것도 없습니다. 언약은 머뭇거리거나 거절하는 일 없이 기꺼이 하나님의 말씀과 그 역사하심을 믿는 영혼이 아닌 사람에게는 감추어진 진리일 뿐입니다.

더 나은 언약의 보증으로서 그리스도께서 하시는 일에 관해, 본문 말씀은 이야기합니다. 하나님께서 맹세로 예수님의 제사장직을 보증하셨기 때문에 예수님은 자신을 통해 하나님께 가까이 나오는 사람들을 온전히 구원하실 수 있다고 합니다. 그것도 "그(예수님)가 항상 살아서 저희를 위하여 간구"하시기 때문입니다. 언약의 보증으로서 예수님은 하나님의 뜻을 받아 자녀에게 하나님의 복을 전해주시면서 끊임없이 자녀의 필요를 살피며, 자녀들을 아버지 하나님께로 이끄십니다. 예수님은 중재하시는 일을 한 번도 그치지 않고, 천상의 선물과 능력을 하나님께 받아 우리에게 전해주시기 때문에 온전히 우리를 구원하실 수 있습니다. 그리하여 하나님께서 의도하시는 것만큼 완전하게, 더 나은 언약이 보증하는 만큼 확실하게 구원의 역사를 이루시고 유지시키십니다. 히브리서(8:7-13)에서는 이러한 언약에 대한 약속을, 새 언약에 관해 구원의 능력을 우리가 경험할 때에 성령께서 마음에 기록하시는 것으로 설명한 예레미야의 말씀과 하나도 다를 바 없이 설명하고 있습니다.

우리는 예수님을 더 나은 언약의 보증으로, 언약과 관련한 모든 것은 변치 않는 영원한 것이라는 확신을 주시는 분으로 모셔야 합니다. 하나님과 교제하는 모든 일과 우리가 기도하고 바라는 모든 것들과 살아가며 행하는 모든 것들에 관한 열쇠는 예수님께 있으므로, 우리는 믿음과 소망의 온전한 확신을 가지고 언약에 관한 모든 말씀이 하나님의 직접적인 능력으로 말미암아 우리에게 정말로 온전히 이루어지리라고 기대할 수 있습니다. 우리는 우리가 온전한 확신을 가져야 하는 것들에 관해 생각해 보아야 합니다.

첫째로 하나님의 사랑입니다. 언약이 담고 있는 뜻은 다름 아닌 교제와 관련이 있습니다. 교제란 우리가 하나님의 사랑을 확신하고 그 사랑의 마음으로 가까이 나아가고 우리 마음이 하나님의 사랑의 능력에 지배를 받으며 그 사랑으로 마음을 채우게 하는 수단입니다. 왜냐하면 하나님은 우리를 무한적으로 사랑하시며, 우리가 또한 그 사랑을 알아 하나님께서 새 언약을 만드셨으며 하나님의 아들이 그 보증이 되셨음을 마음껏 깨닫기 바라시기 때문입니다. 이러한 하나님의 사랑은 무한하고 신령한 능력이며 우리 영혼을 자신의 사랑과 복으로 채우시려고 최선을 다하시는 사랑이십니다. 이러한 사랑에 관해 하나님의 아드님께서 사자가 되십니다. 하나님께서 우리에게 계시하시는 언약에 관해 예수님은 보증이 되시는 분입니다. 언약과 언약을 지키는 것에 대해 살펴보고 언약의 복을 구하고 바라는 데 가장 필요한 것은 하나님의 사랑에 대하여 강하고도 분명한 확신을 경험하는 일임을 깨닫도록 합시다.

다음으로 그리스도께서 완성하신 구속의 완전함을 확신해

야 합니다. 죄를 몰아내고 죄의 권세로부터 완전히 영원토록 벗어나는 데 필요한 일을 그리스도께서 모두 이루셨습니다. 그리스도의 피와 죽음, 부활과 승천은 세상의 권세에서 우리를 끄집어 내어 천상적 세계의 힘의 지배를 받는 새로운 생활로 옮겨놓았습니다. 이러한 일은 모두 하나님께서 이루시는 사실입니다. 그리스도는 그처럼 하나님의 공의와 용납, 충족한 은혜와 능력이 언제까지나 우리 것임을 보증하시는 분입니다. 그리스도는 이러한 모든 것이 단절되지 않고 계속해서 우리에게 전달될 수 있으며 전달되리라는 사실을 보증하시는 분입니다.

이러한 확신이 들면 새 언약의 삶을 시작하기 위해서 우리가 해야 할 일이 무엇인가에 대한 생각으로 발전합니다. 우리는 전폭적으로 굴복하거나 온전히 믿기를 꺼리는데(우리에게 그렇게 할 능력이 있음을 모르는 채), 왜냐하면 놀라운 새 언약이 제시하고 있는 모든 것을 받아들일 만큼 강하거나 담대해질 수 없으리라는 두려움 때문에 그렇습니다. 예수님은 더 나은 언약의 보증이십니다. 더 나은 언약은 언약의 자녀가 그 언약을 받아들이고 누리는 데 필요한 자세를 갖추어 주기 위해 있는 것입니다. 우리는 마음이 언약의 약속의 중심 대상임을 알았습니다. 할례받은 마음은 온 마음으로 하나님을 사랑하고, 그 마음은 하나님의 율법과 경외하는 마음이 새겨져 있어 하나님을 떠나지 않을 것이며 이러한 일은 그리스도께서 하나님의 맹세를 바탕으로 보증하는 것입니다. 다시 한 번 이야기해 봅시다. 하나님께서 요구하시는 것이며, 언약을 주셨고 그 언약을 보증하기 위해 주셨던 한 가지, 곧 우리에게 필요한 것이 모두 우리 안에서 이루어지리라는 분명한 믿음은 우리가 감히 보류할 수 없는 것입니다.

무엇이 가장 커다란 실수였는가 깨닫기 시작하는 사람들이 우리 가운데 더러 있으리라고 생각합니다. 우리는 그리스도께서 십자가에서 하셨고 보좌 위에서 하시고 계신 일은 언약의 보증으로서 아주 위대한 일이라고 생각해 왔으며 또한 그렇게 말해왔습니다. 그리고는 거기서 멈추었습니다. 그러나 그리스도께서 우리 마음속에서 위대한 일을 행하시리라고 기대하지 않았습니다. 그렇지만 십자가와 보좌에서 하신 사역이 절정에 이르는 곳은 우리 마음입니다. 우리 마음에서 새 언약은 온전한 승리를 거둡니다. 그리고 새 언약에 대한 보증은 우리가 하늘에 계신 그리스도를 마음으로 생각할 수 있는 것으로 알게 되는 것이 아니라 그리스도께서 우리 마음에 자신을 알리심으로 알게 됩니다. 우리 마음은 그리스도의 사랑이 승리하며 자리잡는 곳입니다. 마음으로 그리스도를 언약의 보증으로서 믿고 받아들여야만 합니다. 새 언약과 관련하여 품는 모든 바램과 새 언약이 요구하는 모든 요구와 제시하는 모든 약속과 더불어 예수 그리스도를 바라봅시다. 성령을 통해 우리 마음이 주님의 집이 되며 주님의 보좌가 됨을 믿읍시다. 확고한 믿음의 행동으로 새 언약의 삶을 살고 행하기 위해 그리스도께 온전히 굴복합시다. **예수께서 우리 마음 속에서 우리를 위해 맡으신 일에 충실하시리라는 것만큼이나 성실한 보증은 없었습니다.**

그렇지만 하나님의 맹세와 언약의 보증이 주는 강한 위로와 확신에도 불구하고 그와 같은 복된 삶을 계속해서 살펴 보면서도 하나님의 놀라운 은혜를 믿기를 두려워하는 사람들이 더러 있습니다. 그러한 사람들은 믿음을 어떤 굉장하고도 대단한 것이라고 여기고 자신들의 믿음은 그렇지 못하다는 생각을 갖습니다. 그들의 연약함은 그들의 언약을 받아 누리는 데 뛰어넘을 수 없는 장벽으로 남아 있게 됩니다. 다시 말하겠습니다. 새 언약의 삶을 받아들이고 시작하도록 하는 믿음의 행동은 종종 능력을 필요로 하는 행동이 아니며 연약하고 두려워 몹시 떠는 행동이라는 것입니다. 그러한 행동은 모든 연약함 가운데서 자신의 힘으로 하는 행동이 아니라 보증이신 예수께서 주시는 은밀하고 어쩌면 느낄 수 없는 힘으로 나타나는 행동입니다. 하나님은 다름아닌 우리에게 용기와 신뢰를 불어넣어 주시려는 목적으로 예수님을 보증으로 세우셨습니다. 하나님은 우리를 언약 속으로 끌어들이시기를 갈망하고 기뻐하십니다.

무엇 때문에 머뭇거리십니까? 하나님 앞에 엎드려 온유한 마음으로 "하나님께서 참으로 신자들의 기도를 들으시며 언약으로 그들을 인도하시며 믿음을 강하게 하여주시니 내가 하나님을 신뢰할 수 있습니다" 하는 말을 해보십시오. 그리고 아버지 하나님께서 주신 전능의 주께서 언약의 **모든** 은총이 온전히 우리 안에 실현되도록 모든 일을 하시리라는 것을 그저 조용히 믿기 시작하십시오. 겸손히 엎드리어 자신의 낮은 처지에서 영광의 주님을 올려다 보고 주를 믿는 순전한 영혼은 구하거나 생각할 수 있는 것보다 더 풍성한 것을 얻게 되리라는 확신을 간직하십시오.

사랑하는 신자들이여 와서 믿음 있는 사람이 **되십시오.** 하나님께서 주 예수님이 얼마나 온전히 우리와 우리 삶을 자신을 위해 소유하시기를 바라시는가, 얼마나 철저하게 우리를 대신해서 우리 안에서 모든 일을 하고 계시는가와, 얼마나 철저하게 우리가 현재와 미래의 모습으로 우리의 복된 보증이신 주께 의지하고 굴복하고 언약에 충실할 수 있을지 보여주시고 계심을 믿으십시오. 우리가 믿으면 하나님의 영광을 보게 될 것입니다. **우리는 그리스도께서 맡으신 일을 그리스도께서 행하실 것이라고 확신할 수 있습니다.**

지시을 뛰어넘는 뜻과 방법과 능력을 통해 하나님께서 요구하시거나 주실 수 있는 분은, 하나님께서 우리 안에서 보길 원하시는 분은 오로지 예수 그리스도이십니다. "나를 믿는 자는…그 배에서 생수의 강이 흘러나리라."

12 언약서

"언약서를 가져 백성에게 낭독하여 들리매 그들이 가로되 여호와의 모든 말씀을 우리가 준행하리이다 모세가 그 피를 취하여 백성에게 뿌려 가로되 이는 여호와께서 이 모든 말씀에 대하여 너희와 세우신 언약의 피니라"(출 24 : 7, 8 ; 히 9 : 18-20과 비교).

여기서는 하나님의 놀라운 책에 관한 새로운 관점이 나옵니다. 모세는 피를 뿌리기 전에 언약서를 읽어주고 백성들의 동의를 얻었습니다. 그리고 나서 피를 뿌릴 때에 모세는 "이는 여호와께서 **이 모든 말씀에 대하여** 너희와 세우신 언약의 피니라" 하고 말하였습니다. 언약서는 언약에 관한 모든 조항들을 담고 있었으며 그 책을 통해서만 이스라엘 백성은 하나님께서 그들에게 바라시는 것과 자신들이 하나님께 구할 수 있는 모든 것을 알 수 있었습니다. 성경을 언약서라고 생각하고, 언약과 언약서를 어떠한 새로운 관점으로 바라볼 수 있는가 생각해 봅시다.

첫째로 옛 언약에 살든 새 언약에 살든, 언약서를 다룰 때만큼 우리가 어떠한 정신으로 살아가고 경험하는가가 분명하게 나타나는 때는 없으리라는 것을 들 수 있습니다. 옛 언약은 새 언약 뿐만 아니라 책을 갖고 있었습니다. 성경은 두 가지 언약을 다 포함합니다. 새 언약은 옛 언약 속에 싸여 있으며 옛 언약은 새 언약 속에서 꽃이 핍니다. 옛 언약을 새 언약의 정신으로 읽을 수 있으며, 옛 언약의 정신으로 옛 언약 뿐만 아니라 새 언약을 읽을 수 있습니다.

옛 언약의 정신은 옛 언약이 맺어지던 때에 이스라엘을 통해 가장 분명하게 살펴볼 수 있습니다. 이스라엘은 당장에 "여호와의 모든 말씀을 우리가 준행하리이다" 하는 약속을 하려고 하였습니다. 그때 그들은 자신들의 죄성이나 하나님의 거룩하심과 영광에 관한 생각이 거의 없었기 때문에 완전한 자신감을 가지고 자신들이 언약을 지켜 행할 수 있으리라고 생각했습니다. 이스라엘은 그들에게 뿌려진 피의 의미나, 그 피가 상징하였던 죽음과 구속에 대한 의미를 거의 깨닫지 못하였습니다. 많은 그리스도인들이 이스라엘과 똑같은 정신으로 성경을 하나님께서 바라시는 방법대로 우리가 행하도록 지시하는 지침서인 하나의 율법 체계로 봅니다. 하나님께서 우리에게 바라시는 것은 율법을 다 지키려고 최선을 다하는 것이며 그 이상은 우리가 더 할 수가 없습니다. 이것이 바로 우리가 진지하게 추구할 자세입니다. 사람들은 언약을 성립시킨 죽음이 뜻하는 것이나 사람이 하늘의 하나님과 언약을 맺으며 행할 수 있는 생명, 곧 죽은 자 가운데서 다시 살아나는 생명에 대해 거의 모르거나 전혀 알지 못합니다.

이스라엘에게 나타나는 이와 같은 자만심은 바로 앞에서

일어난 일을 통해 잘 설명되어 있습니다. 하나님께서 율법을 주시려고 번개와 우림으로 시내 산에 내려오셨을 때 이스라엘 백성은 몹시 두려워하였습니다. 그들은 모세에게 "하나님이 우리에게 말씀하시지 말게 하소서 우리가 죽을까 하나이다 당신이 우리에게 말씀하소서 우리가 들으리이다" 하고 말하였습니다. 그들은 율법을 단지 들어서 알면 되는 것으로, 자기들이 분명히 지킬 수 있는 것으로 생각했습니다. 그들은 죄의 권세를 이기고 순종하는 능력을 줄 수 있는 것은 오로지 하나님의 임재하심과 하나님을 두려워하는 것과 하나님이 가까이 계시는 것과 우리를 겸손케 하시는 하나님의 능력임을 깨닫지 못하였습니다. 하나님의 음성을 기다려 듣고 우리 자신의 힘과 선함을 모두 버리기보다 사람의 가르침을 받아서 사는 편이 훨씬 더 쉽습니다.

이같은 자세로 말미암아 많은 그리스도인들이 날마다 하나님과 교제하지 않고 우리를 죄에서 지킬 수 있는 것은 오로지 하나님의 임재뿐이라는 믿음도 없이 하나님을 섬기려고 하는 양상이 생겨나게 되었습니다. 그러한 사람들의 신앙은 사람으로부터 듣는 외부적 지침에 의존합니다. 자신들이 순종할 수 있는 하나님의 음성을 듣기를 기다리며 하나님과 가까이 동행할 때에만 가능한 육체와 세상에 대해 죽는 것은 알지 못합니다. 그들은 성경을 공부하고 성경에 대한 가르침을 듣거나 읽는 데는 부지런하고 성실할지도 모릅니다. 그러나 정작 그리스도인다운 삶을 살 수 있도록 하는 언약의 하나님과 가능한 한 많이 교제하는 데는 힘쓰지 않습니다.

새 언약의 정신으로 새 언약의 책을 읽는 법을 배움으로써 그러한 구속으로부터 벗어날 수 있습니다. 새 언약의 첫 번째 조항은 바로 다음과 같은 점에 관해 이야기합니다. "내가 나의 법을 그들의 속에 두며 그 마음에 기록하여" 하고 말씀하실 때에 하나님은 자신의 책에 쓰인 말씀이 앞으로는 더 이상 외부적인 가르침이 될 것이 아니라, 그 책에서 명령하는 것이 바로 성령으로 태어나 우리 안에 살아 역사하는 우리 마음이며 기쁨이 되리라는 것을 뜻하십니다. 그러므로 새 언약에 관한 모든 말씀에 대해 신령한 확신이 들게 되며 그러한 확신은 성령의 역사하심으로 얻을 수 있는 것입니다. 죽이는 문자와 육체는 아무 유익이 없음을 영혼이 깨닫게 됩니다. 성령께서 우리 삶을 이끄시기까지 기다리지 않으면 성경 말씀과 사상을 공부해 아는 것만으로는 도움이 되지 않습니다. 성경 말씀을 문자로 받아들이고 사람의 지혜로 이해하는 일은, 시내 산에 있던 이스라엘 백성과 마찬가지로 열매를 맺지 못하는 일임을 깨닫게 될 것입니다. 그렇지만 성령을 기다리는 마음에 말씀하시는 성령을 통해 살아 계신 하나님으로부터 하나님의 말씀을 들으면, 그 말씀이 빠르고 능력 있는 말씀이 됩니다. 그렇게 되면 성경말씀은 믿는 사람들 마음속에 실제로 역사하여, 성경이 이야기한 은혜를 실제로 누리게 합니다.

새 언약은 성령께서 하시는 사역입니다(7장 참고). 새 언약이 주는 가르침은 모두 성령께서 가르치시도록 되어 있습니다. 성경에서 복음 전파에 관하여 가장 두드러지게 나타난 두 부분은 고린도전서 2장과 고린도후서 3장인데 거기에서 바울은 성령의 가르침에 관한 진리를 설명합니다. 사역자들은 누구나 그러한 진리에 비추어 자신을 점검해 보아야 합니다. 그러한 진리들은 신약에서는 성령이 가장 중요한 것임을 알려줍니다. 마음속에 들어오셔서 기록하고 계시하시며 그 마음속에 하나님의 법과 진리를 새겨 넣으시는 성령만이 참된 복종을 하게 하십니다. 아무리 훌륭한 언변이나 사람의 지혜라 할지라도 아무 소용이 없습니다. 하나님께서 성령을 통해 말씀을 전하는 자나 듣는 자 모두에게 하나님께서 우리를 위해 마련하신 것들을 계시하셔서야만 합니다. 말씀을 전하는 사람들에게 적용되는 것은 듣는 사람들에게도 똑같이 적용됩니다. 참으로 많은 그리스도인들이 한 번도 옛 언약에서 벗어나지 못하고, 자신들이 옛 언약 아래 있다는 것을 깨닫지 조차 못하고 있는 가장 큰 이유는 기다리는 마음에 역사하시는 성령의 능력 없이 머리로 생각하는 지혜만 너무 앞서기 때문입니다. 복음 전하는 자와 듣는 자 그리고 말씀을 읽는 사람들이 새 언약의 책을 풀어 적용하기 위해서는 새 언약의 영이 필요하다고 믿는 때에만 하나님의 말씀이 능력을 발할 수 있습니다.

우리는 이중의 교훈을 배워야 합니다. 하나님께서 연결하신 것을 어떠한 사람이라도 나누게 할 수 없습니다. 성경은 새 언약의 책입니다. 또한 성령만이 새 언약에 속한 것들을 알려주시는 분입니다. 성령의 가르침을 계속 구하지 않는다면 성경 말씀을 깨닫거나 그 말씀으로부터 도움을 얻기를 기대하지 마십시오. 열심 있는 성경 공부나 훌륭한 책들 혹은 존경하는 사역자들로부터 배우는 것으로 **성령의 자리를**

대신하지 마십시오! 날마다 인내하고 믿으면서 성령의 가르침을 구하십시오. 성령께서 우리 마음에 하나님의 말씀을 새겨주실 것입니다.

성경은 언약의 책입니다. 성령께 성경에 들어 있는 새 언약을 계시해 달라고 구하십시오. 새 언약의 약속을 바로 알고 누리며 진정 새 언약의 상속자로 사는 신자들이 너무나도 없기 때문에 오늘날 교회는 생각해 볼 수 없이 큰 손실을 입고 있습니다. 성경을 읽을 때에 하나님께서 지혜와 계시의 영으로 우리 마음의 눈을 밝히셔서 새 언약이 계시하는 약속들이 무엇인지와 언약의 보증이신 그리스도 안에 있는 신령한 진리가 무엇인지 알게 하시어 모든 약속이 신령한 능력으로 우리 안에서 이루어지게 해달라고, 그리고 새 언약이 우리에게 허락한 언약의 하나님과 맺게 되는 친근한 교제가 어떠한 것인가 알게 해달라고 구하십시오. 성령의 사역을 겸손한 마음으로 기다리며 귀기울이면 언약의 책은 새로운 빛을 비추어 하나님의 모습과 충만한 구원의 빛까지 나타내 보일 겁니다.

이러한 것은 모두 새 언약이 실제로 어떠한 것이 되어야 하는지 아는 것에 똑같이 적용이 됩니다. 우리가 새 언약에 관한 다양한 약속에 관해 듣고 읽고 이해한다고 하더라도 한 번도 새 언약에 관하여 총체적으로 천상적인 시각을 얻지 못할 수 있으나 새 언약은 그 압도적인 능력으로 우리가 그것을 받아들이지 않을 수 없게 만듭니다. 새 언약이란 실제로 어떠한 것인가 다시 한 번 들어보십시오. 새 언약이란 **참된 순종과 하나님과의 교제로 사람은 이를 위해 창조되었**

습니다. 이는 죄를 물리치며, 율법이 요구하는 것이지만 율법으로 이룰 수 없는 것이며, 하나님의 아들이 우리 삶 속에서 회복하시려는 것으로 **이 참된 순종과 하나님과의 교제는 이제 우리가 누릴 수 있도록 제시된 것입니다.** 새 언약의 책을 통해 우리 아버지 하나님은 지금도 우리가 끊임없이 온전히 순종하며 하나님과 교제하며 살기를 기대하신다고 말씀하십니다. 하나님은 아들과 영의 힘의 능력을 통해 **우리가 그러한 삶을 살도록 하나님께서 직접 우리 안에 역사하시겠다고** 말씀하십니다. 그 일을 이루시기 위해 모든 일을 계획해 두셨습니다. 하나님은 중보자이신 그리스도께서 우리 안에 사시며 우리가 또한 매 순간 그리스도 안에 살도록 하실 것이기 때문에 그처럼 끊임없이 순종하며 살 수 있다고 이야기하십니다. 하나님은 오로지 우리가 믿음으로 굴복하여 우리 자신을 하나님과 하나님의 일에 바치기만을 바라신다고 말씀하십니다. 생각해 봅시다! 아들과 성령을 통해 하늘에 계신 하나님께로부터 내려오는 온갖 능력과 복으로 가득한 거룩한 삶을 말입니다! 성령께서 마련하신 선물인 거룩한 삶을 계시하시어 그러한 삶을 살아계신 능력으로 우리가 받아 누릴 수 있도록 주실 수 있음을 믿도록 합시다. 아들 예수님과 성령을 믿는 마음으로 하늘 위와 마음 속을 살펴봅시다. 그러면 하나님께서 언약서에 적힌 모든 말씀이 진실일 뿐 아니라 우리 안에서 영과 진리가 될 수 있음을 보여주실 것입니다. 이러한 일은 정말로 가능한 일입니다.

13 새 언약에서 뜻하는 순종

"세계가 다 내게 속하였나니 너희가 내 말을 잘 듣고 내 언약을 지키면 너희는 열국 중에서 내 소유가 되겠고"(출 19 : 5).
"네 하나님 여호와께서 네 마음과 네 자손의 마음에 할례를 베푸사 너로 마음을 다하며 성품을 다하여 네 하나님 여호와를 사랑하게 하사…너는 돌아와 다시 여호와의 말씀을 순종하고 내가 오늘날 네게 명한 그 모든 명령을 행할 것이라"(신 30 : 6, 8).
"또 내 신을 너희 속에 두어 너희로 내 율례를 행하게 하리니 너희가 내 규례를 지켜 행할지라"(겔 36 : 27).

새 언약을 맺으실 때에 하나님은 "내가 저희 열조와 세운 언약과 같지 않으리니" 하고 아주 분명하게 말씀하셨습니다. 이제까지의 문제는 언약과 관계가 있어서 언약을 맺은 백성이 순종하느냐 안하느냐에 따라 하나님의 은총이 결정되었던 것입니다. "너희가 내 말을 들으면 나는 너희 하나님이 되겠고." 새 언약이 그러한 문제를 해결하였습니다. 하나님께서 우리가 순종하기 위한 조치를 마련하셨기 때문입니다. 새 언약에서 "너희가 내 규례를 지켜 행하면" 하는 조항은 "내가 내 신을 너희 속에 두어 너희로 내 규례를 지켜 행하게 하리라"로 바뀝니다. 언약, 즉 언약이 이루어지는 것이 사람의 순종에 따라 결정되는 대신에 하나님께서 순종을 보장하십니다. 옛 언약은 거룩해야 하고 거룩해지는 방법을 제시하였지만 새 언약은 사랑을 불러일으키고 거룩해지는 능력을 줍니다.

이러한 변화와 관련하여 종종 아주 심각하고도 참으로 위험한 실수를 저지릅니다. 새 언약에서는 옛 언약에서처럼 언약의 조건으로 순종이 요구되지 않고 값없이 주어진 은혜가 순종이 차지하고 있던 자리를 대신해서 경건치 못한 사람을 의롭다 하고 거슬려 행하였던 이들에게 선물을 주었기 때문에, 많은 사람들이 순종은 **더 이상 옛 언약에서처럼 절대적으로 필요한 것이 아니다** 하는 생각을 합니다. 새 언약은 믿음 안에서 순종하는 것 대신 다른 것을 제시하기 위한 언약이 아니라, 순종하면서 기뻐하는 마음과 순종할 수 있는 능력을 줌으로써 믿음을 통해 순종을 보증하기 위한 언약입니다. 그저 새 언약이 뜻하는 순종없이 은혜에만 만족하고 있는 사람은 값없이 주신 은혜를 남용하는 사람입니다. 그러한 사람들은 새 언약의 더 높은 특권을 자랑스럽게 여기기는 하지만 새 언약의 주된 복인 **거룩한 삶을 사는 능력과 하나님의 법을 기뻐하는 마음**과 내주하시는 영으로 말미암아 우리가 하나님의 명령을 지키도록 하시는 삶을 무시합니다. 우리가 이해해야 하는 한 가지는 신약에서 순종이 어떠한 위치를 차지하고 있느냐 하는 것입니다.

첫번째로 생각해야 할 것은 **순종은 꼭 필요한 것이라는 점입니다.** 하나님과 사람과의 관계에서, 또한 하나님께서 우리를 교제 속으로 끌어들이시는 데서 기초가 되는 것은 순종에 대한 생각입니다. 에덴 동산에서 금해 놓은 실과는 먹지 말라고 여호와 하나님이 사람에게 명하여 말씀하실 때에 이야기하신 한 가지는 바로 순종입니다. 새 언약에서 순종은 가장 중요한 것입니다. 하나님은 육신을 몰아내고 그리스도의 할례를 통해 자기 백성에게 마음의 할례를 베푸셔서 온 마음을 다해 하나님을 사랑하고 하나님의 명령에 순종하게 하려고 하십니다. 그리스도께서 높임을 받으심으로 얻게 된 가장 놀라운 선물은 성령님이었으며 성령님은 우리 속에서 실제로 구원의 역사가 이루어지게 하셨습니다. 첫번째 언약은 순종을 요구하였지만 순종하는 모습을 찾아볼 수 없었기 때문에 실패로 끝났습니다. **새 언약은 특별히 순종할 수 있도록 하시기 위해 마련하신 언약이었습니다.** 새 언약의 복을 충만하게 경험하며 살려면 반드시 순종이 꼭 있어야 하는 것입니다.

새 언약을 온전히 누리는 삶을 살기 시작하는 것이 어째서 그토록 단순히 굴복하는 행위로 결정되는 일이 잦은가 하는 이유를 설명하는 데에는 순종이 절대적으로 필요합니다. 이전에는 양심이 종종 하나님의 온전하신 뜻과 일치하지 않는다고 말해 주는 어떤 나쁜 습관이나 의심하는 습관이 있었습니다. 골치 아픈 문제들은 치워버리라는 유혹이 생겼습니다. 아니면 나쁜 습관을 버리고 안에 있는 목소리에 순종하라는 약속을 지킬 수는 없을 것이라고 불신앙이 말하였습니다. 한편 기도도 아무런 소용이 없는 것처럼 보였습니다. 이러한 작은 일들을 무슨 일에서든 순종하는지와, 모든 일에서 언약의 보증이 순종하도록 힘을 주리라는 믿음을 시험하는 것으로 여기게 되기까지는 마치 믿음이 분명히 보이는 복을 붙들지 못하는 것과 같았습니다. 나쁜 습관이나 의심하는 습관을 버리고 올바른 양심을 회복하고 하나님 앞에서 확신하는 마음을 가지면 바라던 것을 받아 누릴 수 있습니다. 순종은 꼭 필요한 것입니다.

우리는 순종할 수 있습니다. 사람이 다 지킬 수 없는 요구라는 생각은 참된 희망과 힘의 근원을 좌절시킵니다. "아무도 하나님께 순종할 수 없다"는 은밀한 생각은 아주 멀리 떨어진 옛 언약의 삶을 되돌이키며, 하나님께서는 우리가 할 수 있는 한도 이상은 기대하시지 않는다는 거짓된 평안 속으로 빠져듭니다. 우리는 순종할 수 있습니다. 새 언약이 이러한 사실을 약속하며 보증합니다.

우리는 순종이 뜻하는 바를 알아야 합니다. 순종은 하나님의 말씀과 성령님과 양심에 의해 배운 것으로서 하나님의 뜻으로 알려진 것을 행하는 것을 뜻합니다. 조지 뮬러는 60년이 넘도록 하나님을 섬기는 동안 자신이 경험했던 가장 큰 행복으로, 자신은 하나님의 말씀을 사랑했으며 "하나님이 생각하시는 것에 거스른다고 생각되는 길로 가려고 하지 않는 선한 양심을 지켰다"는 두 가지를 이야기했습니다. 또한 하나님의 충만하신 빛이 게하르트 테르슈테겐(Gerhard Tersteegen)의 마음을 파고 들었을 때에 그는 "마음으로나 삶을 통해 알면서 고의적으로 주께 그릇되이 행하며 불순종하느니 차라리 내 피의 마지막 한 방울까지도 주의 도우심과 능력으로 포기하겠다" 하고 썼습니다. 그와 같은 순종은 주의 은총에 도달할 만합니다.

우리는 순종할 수 있습니다. 마음에 주의 법이 새겨지고, 마음이 할례를 받아 온 마음을 다해 주를 사랑하고 섬기는 때에, 하나님의 사랑이 마음에 가득 뿌리워질 때에, 하나님과 하나님의 율법을 사랑하는 마음은 우리 삶 속에서 움직이는 힘이 되었다는 것을 뜻합니다. 그러한 사랑은 하늘에 있는 어떠한 것을 상상하는 사람의 모호한 감상이 아니라 마음속에 살아계신 하나님의 힘의 능력으로 하나님의 역사하심을 따라 역사하는 힘입니다. 순종하는 삶은 가능한 것입니다.

이러한 **순종은 믿음에 속한 것입니다.** "믿음으로 아브라함은 순종하여." 믿음으로 언약에 대한 약속과, 언약의 보증의 실재와, 성령의 숨은 사역과, 무한하신 사랑과 능력으로 우리 안에 자신의 사랑과 약속을 이루시려는 하나님의 사랑이 우리 속에 살아야 합니다. 믿음은 그러한 일들이 우리에게 일어나게 하며 우리가 그러한 것들을 누리며 살도록 합니다. 그리스도와 그리스도의 놀라운 구속은, 멀리 떨어져 하늘에 머물러 있을 필요가 없으며 우리는 그것을 계속 경험할 수 있습니다. 아무리 냉냉하거나 연약하게 느껴진다 하더라도, 믿음은 새 마음이 우리 안에 있고, 하나님의 율법을 우리 마음이 진심으로 사랑하며, 성령의 가르치심과 능력이 우리 안에 있음을 압니다. 언약의 보증이신 구원주의 목소리에 귀 기울입시다. 깊고 충만한 뜻으로 "믿는 자에게는 능치 못할 일이 없느니라" 하고 말씀하십니다.

끝으로 **순종이 곧 복임을** 압시다. 순종을 단지 언약이 주는 기쁨과 복에 이르는 **방법**으로 생각할 것이 아니라, 순종 자체가 기쁨과 복의 성질을 가지고 있음을 기억하십시오. 우리를 가르치시고 이끄시는 하나님의 음성을 듣고, 하나님의 뜻하시는 바를 하려 하고 성령으로 하나님께서 역사하시는 것을 행하려 하고 하나님의 거룩하신 뜻을 행하며 하나님을 기쁘시게 해드리는 가운데 하나님과 연합하십시오. 이 모든 것은 말할 수 없는 기쁨이요 충만한 영광임에 틀림없습니다.

건강한 사람이라면 다니거나 일하고, 힘을 발휘하며 어려움을 물리쳐 내는 것이 즐거움입니다. 종이라면 그러한 일을 구속으로 피곤한 일로 느낍니다. 옛 언약은 **"반드시 … 해야 한다"**는 엄격한 말투로 순종을 명령하였으며 그러한 명령 뒤에는 위협적인 말이 뒤따랐습니다. 새 언약에선 **"반드시 … 해야 한다"**에서 **"할 수 있다"**로 바뀝니다. 성령을 통해 하나님께서 어떻게 해서 "우리가 예수 그리스도 안에서 선한 일을 위해 창조되었는가"와, 포도 나무가 포도 열매를 맺는 것이 당연하듯 어떻게 우리 새 마음이 모든 선한 일을 할 수 있도록 완전히 준비되었는가를 보여달라고 진심으로 구하십시오. 하나님은 순종을 가능한 것일 뿐만 아니라 하나님께서 주신 가장 기쁨이 넘치는 선물이며 하나님의 사랑과 그 사랑이 베푸는 온갖 축복을 얻게 하는 것으로 계획하셨음을 우리가 깨닫게 해달라고 구하십시오.

새 언약이 주는 주된 복은 새 언약이 안고 있는 위대한 힘과 은혜의 보화도 아니며 그러한 보화가 결코 사라질 수는 없다는 보증이 아니라, 살아계신 하나님이 자신을 주시고 자신을 알리시며 우리 하나님으로 우리를 소유하신다는 것입니다. 그러한 목적으로 사람을 창조하고 구속하셔서, 성령께서 우리 안에 거하실 때에 우리가 실제로 그것을 경험할 수 있게 하셨습니다. 하나님께서 우리 안에 이미 이루신 일과 역사하시려고 하는 일을 연결해 주는 복된 고리는 순종입니다. 우리의 할 일은 오직 하나님께 순종하는 일이라는 귀하고도 거룩한 생각을 품고 사는 자들이라는 확신으로 하나님 앞에 행하기를 구합시다.

그렇다면 어째서 그토록 많은 그리스도인들이 이러한 거룩한 능력과 기쁨 넘치는 순종이 있는 새 언약의 가치를 아주 조금밖에 경험하지 못하는 것입니까? "저희의 눈이 가리워져서 그인 줄 알아보지 못하거늘." 주님은 제자들과 함께 계셨지만 제자들의 마음은 어두워져 있었습니다. 오늘날도 마찬가지입니다. 엘리사의 종과 아주 비슷하여 온 하늘이 둘러싸고 있어도 종의 눈에는 아무것도 보이질 않습니다. "여호와여 원컨대 저의 눈을 열어서 보게 하옵소서" 하는 기도밖에는 아무것도 도움이 되지 않을 것입니다. 주님, 이 글을 읽는 사람 중에 그러한 주님의 만지심으로 모든 것을 보기 원하는 사람이 있습니까? 오, 엘리사의 종을 만져주셨듯이 그들을 만져주십시오!

새 언약에 귀기울이십시오. 우리 아버지 하나님은 무한하신 사랑으로 우리를 사랑하시며 우리를 거룩하고 행복한 순종하는 자녀로 이끌기를 간절히 바라십니다. 하나님은 우리가 현재 누리고 있는 삶과는 완전히 다른 새로운 삶을 우리를 위해 계획하고 계십니다. 그 삶이란 하나님의 은총이 우리에게 바라시는 모든 것을 매 순간 우리 안에서 역사하시게 되는 **삶입니다.** 아이와 같이 순종하며 날마다 아버지 하나님께서 하라고 일러주시는 바를 행하는 삶입니다. 아버지 하나님의 사랑이 거하며, 우리를 구원하신 주께서 임재하시며 성령께서 기쁨을 주시는 삶으로 그러한 삶은 지속적인 기쁨과 힘을 공급해 줄 수 있습니다.

이것이 하나님의 뜻입니다. 이러한 삶은 우리를 위해 마련해 놓으신 삶입니다. 두려워 말고 그러한 삶을 받아들이고 자신을 거기에 내맡기며 온전히 굴복하십시오. 그리스도 안에서 틀림없이 그렇게 할 수 있습니다.

하늘을 향해 아버지 하나님께 참된 영적 삶의 충만함을 보여달라고 기도하십시오. 구하고 그러한 삶을 기대하십시오. 그러한 삶에 주목하십시오. 새 언약의 위대한 복은 **순종이며, 순종은 하나님께서 바라시는 대로 하려고 하며 행하는 놀라운 능력입니다.** 순종은 실제로 다른 온갖 복으로 향하는 관문이기도 합니다. 순종은 부활된 낙원이며 열린 하늘입니다. 피조물이 창조주를 높이고 창조주께서 피조물 안에서 기뻐하시며, 자녀는 아버지 하나님을 영화롭게 하며 아버지 하나님은 자녀를 기쁘게 하실 때에 하나님께서는 자녀를 영광으로 영광에 이르도록 변화시키어 아들의 형상을 닮게 하십니다.

14 새 언약은 은혜의 언약이다

"죄가 너희를 주관치 못하리니 이는 너희가 법 아래 있지 아니하고 은혜 아래 있음이니라"(롬 6:14).

은혜의 언약이라는 말은 성경에서 찾아볼 수는 없지만 성경이 가르치는 풍부한 진리를 정확히 표현하는 말로 두 언약의 차이는 바로 율법과 은혜의 차이입니다. 새 언약에서는 은혜가 가장 중요한 특징을 이룹니다. "율법이 가입한 것은 범죄를 더하게 하려 함이라 그러나 죄가 더한 곳에 은혜가 더욱 넘쳤나니"(롬 5:20). 바울이 "너희가 법 아래 있지 아니하고 은혜 아래 있음이니라" 하고 쓴 것은 로마의 성도들을 옛 언약에서 완전히 끄집어내어 그들이 새 언약 아래 놓여 있음을 가르쳐주기 위함이었습니다. 그리고 바울은 로마의 성도들에게 그러한 사실을 믿고 그러한 믿음 안에서 살면 "죄가 너희를 주관치 못하리니" 하는 하나님의 약속을 경험으로 확증하게 될 것이라고 분명하게 말합니다. 율법이 할 수 없었던 일, 곧 죄의 권세에서 벗어나는 일이 은혜로써 가능케 되었던 것입니다. 새 언약은 전적으로 은혜의 언약입니다. 새 언약은 하나님의 놀라운 은혜로 말미암은 언약으로 그 은혜의 풍성함과 영광을 분명하게 나타내기 위한 언약이며, 우리 안에 역사하시는 은혜를 통해 새 언약의 약속은 모두 이루어지고 경험할 수 있습니다.

은혜라는 말은 두 가지 뜻으로 쓰입니다. 첫째는 하나님 안에 있는 자비로우신 섭리로, 우리에게 아무런 공로도 없는데 하나님께서 우리를 사랑하시고 온갖 축복을 **베푸시도록 이끄**는 하나님의 섭리를 뜻합니다. 또한 은혜는 하나님의 은혜가 우리 안에 역사하도록 하는 능력을 뜻하기도 합니다. 그리스도의 구속의 역사와 우리를 위해 얻으신 의는, 우리 안의 성령의 역사와 성령께서 주시는 새로운 삶의 능력과 똑같이 "은혜"라고 말합니다. 그것은 그리스도께서 하셨고 지금도 하고 계신 모든 일, 그리스도가 갖고 계시며 주시는 모든 것, 그리스도께서 우리를 위해 우리 안에 계신다는 것 모두를 뜻합니다. 요한은 "우리가 그 영광을 보니 아버지의 독생자의 영광이요 은혜와 진리가 충만하더라", "율법은 모세로 말미암아 주신 것이요 은혜와 진리는 예수 그리스도로 말미암아 온 것이라", "우리가 다 그의 충만한 데서 받으니 은혜 위에 은혜러라" 하고 말합니다. 율법이 요구하는 것을 은혜가 도와줍니다.

요한이 대조했던 것을 바울은 "율법이 가입한 것은 범죄를 더하게 하려 함"이었고, 더욱 지극한 은혜가 풍성하게 하기 위한 길을 마련하기 위한 것이라고 설명합니다. 율법은 풍성한 은혜로 이르는 길을 제시하기는 하지만 그 길로 걸어갈 힘을 주지는 않습니다. 율법은 짐을 지우며, 정죄하며 죽게 하는 것입니다. 율법이 갈망을 부추길 수는 있지만 갈망을 충족시키지는 못합니다. 힘을 쏟게 할 수는 있어도 성공을 보장해 주지는 않습니다. 동기를 부여해 줄 수는 있어도 사람이 가지고 있는 힘 이상의 힘을 불어넣어 주지는 않습니다. 따라서 율법은 죄를 대적하면서도 죄인에게 소망 없는 정죄감에 빠져들게 하여 죄와 동맹자가 되었습니다. "죄의 권능은 율법이라."

우리를 죄의 굴레와 지배에서 해방시키려고 예수 그리스도로 말미암아 은혜가 왔습니다. 은혜의 역사는 이중적입니다. 아무 공로도 없는데 죄로 물들어 있던 부분을 다 용서하시고 온전한 의를 주시며, 하나님의 사랑 가운데로 끌어들이셔서 하나님과 교제하게 하시는 데서 은혜의 지극한 풍성함이 나타납니다. "우리가 그리스도 안에서 그의 은혜의 풍성함을 따라 그의 피로 말미암아 구속 곧 죄 사함을 받았으니"(엡 1:7). 우리가 회심하여 하나님의 은혜 가운데 들어갈 때 뿐만 아니라 전 생애를 통해 한 걸음씩 나아갈 때와, 가장 앞선 성인들이 이루신 고귀한 업적을 이루게 되는 때에도 언제나 계속되는 은혜가 있어야만 합니다. 공로나 행위나 인간적 가치는 언제까지나 아무 소용이 없는 것입니다.

은혜의 지극히 풍성함은 매 순간 우리 안에 계속되는 성령의 역사하심 가운데서도 똑같이 나타납니다. 우리는 새 언약이 주는 큰 복이 그리스도의 구속하심과 죄용서로 말미암는, 하나님의 율법과 하나님께 대한 경외감과 사랑이 새겨진 새 마음이라는 것을 알았습니다. 이러한 약속이 온전히 성취

되는 때, 곧 **하나님께서 거하시도록 준비된 마음 상태에 새 마음이 유지되는 때**에 은혜의 영광은 분명하게 나타납니다. 이 일은 본질상 그렇게 되어야만 합니다. 바울은 "죄가 더한 곳에 은혜가 더욱 넘쳤다"고 쓰고 있습니다. 그렇다면 어디에 죄가 더하였다는 말입니까? 죄가 내 마음속에 자리잡고 있지 않다면 세상과 지옥에 있는 어떠한 죄도 나를 해칠 수는 없습니다. 죄가 그토록 대단한 지배력을 행사한 곳은 바로 내 마음입니다. 그리고 은혜가 내게 유익을 주는지 은혜의 지극히 풍성함을 입증해 보아야 하는 곳도 내 마음속입니다. 하늘과 땅에 있는 온갖 은혜는 내게 아무런 도움이 되지 않습니다. 오로지 마음을 통해서만 은혜를 받아들이고 알고 누릴 수 있는 것입니다. "죄가 더한" 마음속에 "은혜가 더욱 넘쳤다"고 함은 "죄가(마음과 삶에 파멸을 가져다 주면서) 사망 안에서 왕 노릇 한 것같이" "은혜도 또한" 마음속에서 "의로 말미암아 왕 노릇 하여 우리 주 예수 그리스도로 말미암아 영생에 이르게" 한다는 말입니다. 이제 막 이야기하였듯이 "은혜와 의의 선물을 넘치게 받는 자들이 한 분 예수 그리스도로 말미암아 생명 안에서 왕 노릇 할" 것입니다.

이처럼 은혜가 왕 노릇 한다는 것에 관해 성경은 놀라운 이야기를 합니다. 바울은 복음을 위하여 "그의 능력이 역사하시는 대로 내게 주신 하나님의 은혜의 선물을 따라"(엡 3 : 7) 자신을 준비시킨 은혜를 말합니다. "우리 주의 은혜가 그리스도 예수 안에 있는 믿음과 사랑과 함께 넘치도록 풍성하였도다"(딤전 1 : 14). "내게 주신 **그의 은혜**가 헛되지 아니하여 내가 모든 사도보다 더 많이 수고하였으나 내가 아니요 오직 나와 함께하신 하나님의 은혜로라"(고전 15 : 10). "내게 이르시기를 내 은혜가 네게 족하도다 이는 내 능력이 약한 데서 온전하여짐이라 하신지라"(고후 12 : 9).

바울은 같은 방식으로 "그리스도 예수 안에 있는 은혜 속에서 강하라"(딤후 2 : 1) 하고 권고를 할 때나, 마게도냐의 그리스도인들의 후한 연보에 나타난 "하나님의 은혜"를 이야기할 때와, 고린도 교회 성도들에게 주어진 "하나님의 넘치는 은혜"에 관해 말할 때나, "하나님이 능히 모든 은혜를 너희에게 넘치게 하시나니 이는 너희로…모든 착한 일을 넘치게 하려 하심이라"(고후 9 : 8) 하고 신자들을 격려할 때에, 신자들의 삶 가운데 역사하시는 은혜를 말합니다. 은혜는 하나님께서 죄인을 죄없다 하고 받아들이셔서 자녀로 삼으실 때에, 우리를 불쌍히 여겨 하나님의 마음을 움직이는 능력일 뿐만 아니라, 성도들의 마음을 감동시켜 매 순간 하나님의 사랑을 필요로 하고 하나님의 뜻을 행하려고 하는 마음 자세와 능력을 불어넣어 주는 것입니다.

용서하시는 은혜가 거저 주시는 놀랍고도 온전한 것이듯 거룩하게 하시는 은혜도 그러합니다. 용서하시는 은혜와 마찬가지로 거룩하게 하시는 은혜에서도 우리가 할 수 있는 일은 거의 없습니다. 용서하시는 은혜가 우리를 위해 모든 일을 다 하듯, 우리 안에서 역사하시는 은혜도 우리를 통해 모든 일을 독점적으로 이루셔야 합니다. 이러한 사실을 깨닫지 못하면 두 가지 위험에 빠집니다. 먼저 사람들은 추악하고 가치 없는 사람들을 용서해 주는 데서 은혜가 가장 잘 나타난다는 생각을 하여, 만일 하나님께서 우리 죄로 말미암아 높아지신다면 죄에서 벗어나는 삶을 살기를 기대하지 말아야 한다는 은밀한 생각을 품게 됩니다. 이러한 생각으로 진정한 거룩한 삶의 기초가 흔들리는 사람이 많습니다. 다른 한편으로 사람들은, 은혜를 통해서만 언제나 우리가 거룩하고 열매맺는 삶을 살 수 있게 된다는 사실을 몰라서 스스로 애써 노력을 기울이려고 합니다. 그러한 사람들의 삶은 늘 연약하며 율법 아래 매여 있으며, 그 사람들은 한 번도 모든 일을 하도록 자신을 굴복시키지 않습니다.

하나님께서 뭐라고 말씀하시는가 귀기울여 보십시오. "너희가 **그 은혜를 인하여 믿음으로 말미암아** 구원을 얻었나니 … 행위에서 난 것이 아니니 이는 누구든지 자랑치 못하게 함이니라 우리는 그의 만드신 바라 그리스도 예수 안에서 선한 일을 위하여 지으심을 받은 자니 이 일은 하나님이 전에 예비하사 우리로 그 가운데서 행하게 하려 하심이니라" (엡 2 : 8-10). 은혜는 우리가 회심하기 전 뿐만 아니라 회심하고 나서도 우리 스스로 선한 일을 하는 것과 대조를 이룹니다. 우리는 **그리스도 예수** 안에서 하나님께서 우리를 위해 마련해 놓으신 선한 일을 위하여 지으심을 받은 자입니다. 우리 안에서 우리를 통해 선한 일들을 하는 것은 오로지 은혜뿐입니다. 시작 뿐만 아니라 그리스도인의 삶을 계속 유지해 나가는 것도 은혜가 하는 일입니다. "만일 은혜로 된 것이면 행위로 말미암지 않음이니 그렇지 않으면 은혜가 은혜 되지 못하느니라"(롬 11 : 6). 은혜가 문자 그대로 우리 안에서 모든 것을 행하는 절대적인 것이어서 우리가 하는 모든 일이 우리 안에 역사하시는 은혜를 드러내는 것임을 깨닫게 될 때에, 우리는 매 순간 모든 것을 하나님께 의지하는 믿음의 삶을 사는 데 동의하게 될 것입니다. 바로 그러한 때에 죄가 결코, 한 순간도 우리를 지배하지 않을 것임을 경험하게 될 것입니다.

"너희가 법 아래 있지 아니하고 은혜 아래 있음이니라"(롬 6:14). 세 가지 삶이 있을 수 있습니다. 하나는 전적으로 율법의 지배를 받는 삶이고, 또 하나는 전적으로 은혜 아래 사는 삶이며 또 하나는 은혜와 율법이 어느 정도 섞이어 있는 상태로 사는 삶입니다. 바울이 로마 사람들에게 경고하고 있는 삶은 바로 은혜와 율법이 어느 정도 섞인 채 살아가는 삶입니다. 이러한 삶은 그리스도인에게 가장 자주 발견되며 실패를 가져다 주는 삶입니다. 아마도 그러한 삶의 자세가 우리의 모습이며 우리가 낮은 상태에 머물러 있을 수밖에 없는 원인일 것입니다. 하나님께 성령을 통해 우리 눈을 여셔서 새 언약에서는 모든 것, 곧 그리스도인이 사는 순간 순간이 지극히 풍성하고 힘있게 역사하는 풍성한 은혜로 말미암는 것임을 깨닫게 해주시기를 하나님께 구합시다. 우리 언약의 하나님께서 우리에게 모든 은혜를 넘치게 하시려고 기다리고 계심을 믿읍시다. 그리고 하나님께서 그리스도를 통해서 성령으로 말미암아 우리 안에서 그 기뻐하시는 일을 이루시도록 하나님을 의지하고 믿으며 바라보며 기다리는 삶을 살기로 합시다.

은혜와 평안이 충만하기를 빕니다!

15 영원한 제사장 직분의 언약

"만군의 여호와가 이르노라 내가 이 명령을 너희에게 내린 것은 레위와 세운 나의 언약이 항상 있게 하려 함인 줄을 너희가 알리라 레위와 세운 나의 언약은 생명과 평강의 언약이라 내가 이것으로 그에게 준 것은 그로 경외하게 하려 함이라 그가 나를 경외하고 내 이름을 두려워하였으며 그 입에는 진리의 법이 있었고 그 입술에는 불의함이 없었으며 그가 화평과 정직한 중에서 나와 동행하며 많은 사람을 돌이켜 죄악에서 떠나게 하였느니라"(말 2 : 4-6).

하나님은 이스라엘을 제사장 나라로 삼으려고 하셨습니다. 처음에 언약을 만드실 때에, "너희가 내 말을 잘 듣고 내 언약을 지키면 너희는 열국 중에서 내 소유가 되겠고 너희가 내게 대하여 제사장 나라가 되며" 하는 규정을 분명히 말씀하셨습니다. 이스라엘은 하나님의 말씀을 지키는 청지기가 되어야 했으며, 하나님의 지혜와 복을 세상에 전하는 통로가 되어야 했고, 그들로 인해 뭇 나라들이 복을 받기로 되어 있었습니다.

이스라엘 민족 가운데 한 지파가 제사장의 역할을 대표하고 강조하기 위해 구별되었습니다. 모든 백성들의 장자가 마땅히 제사장이 되어야 했지만 나머지 사람들과 더욱 철저히 구별되게 하고, 재산이나 직업을 모두 포기하는 것을 보장하시기 위해, 하나님은 따로 한 지파를 택하시어 그 지파만이 제사장직의 정신과 능력을 구성하고 있는 일을 나타내는 일에 전적으로 헌신하게 하셨습니다. 모든 백성을 제사장 삼으신다는 것이 하나님께서 그들과 맺으신 언약의 일부였듯이, 레위인들을 특별히 부르신 것도 하나님께서 레위인과 세우신 생명과 평강의 언약으로, 영원한 제사장직의 언약이라고 이야기합니다. 이러한 것은 모두 이스라엘 백성과 우리가 하나님의 복되신 아들이신 새 언약의 중보자가 맡으신 제사장직을 어느 정도 이해하는 데 도움이 되도록 하기 위한 것이었습니다.

이스라엘 민족과 마찬가지로 새 언약 아래 놓여 있는 하나님의 백성은 모두 왕 같은 제사장입니다. 하나님 앞에 자유롭게 온전히 나아갈 수 있는 권리, 곧 동료 그리스도인들을 위한 중보자가 되고 하나님의 복을 전하는 통로가 되어야 하는 의무와 능력은 모든 신자들이 가지는 양도할 수 없는 생득권입니다. 그렇지만 많은 하나님의 자녀들이 연약하고 무능하여, 새 언약이 약속하는 능력의 은혜를 모르기 때문에 도무지 자신들이 맡은 제사장의 임무를 맡아서 수행할 수가 없는 것입니다. 새 언약 속에 담긴 하나님의 은혜의 지극히 풍성하심을 나타내는 일을 제대로 잘 못하더라도, 하나님은 이 복된 사역에 자신의 삶을 기꺼이 드리려고 하는 구속된 자들을 계속해서 초대하십니다. 하나님의 부르심을 받아들인 사람들에게는 새 언약에 관해 "나의 언약은 생명과 평강의 언약이라" 하신 하나님의 말씀을 특별하게 깨닫게 해 줍니다. 그런 자에게 새 언약은 "영원한 제사장 직분의 언약"이 됩니다. 레위인에게 주신 제사장직에 관한 언약이 그리스도로부터 비롯되어 그리스도에게서 절정을 이루듯이, 우리가 맡은 제사장직도 다시 그리스도로부터 비롯되며 그 분으로부터 언약의 복을 받아 세상에 나누어 줍니다.

새 언약에 속하는 영원한 제사장 직분의 언약을 받아 수행할 수 있는 조건을 알기를 갈망하는 자들은 레위인들이 제사장직을 받은 조건에 대해 살펴볼 때 이를 가장 잘 알게 될 것입니다. 우리는 하나님께서 레위 지파를 택하셨음을 알 수 있으며, 또한 왜 그들을 택하셨는가에 관해서도 알 수 있습니다. 말라기서에는 다음과 같이 나와 있습니다. "레위와 세운 나의 언약은 생명과 평강의 언약이라 내가 이것으로 그에게 준 것은 그로 경외하게 하려 함이라 그가 나를 경외하고 내 이름을 두려워하였으며." 이 말씀은 이스라엘이 금송아지를 만들었을 때 시내 산에서 일어났던 일과 관련된 것입니다. 모세는 여호와의 편에 있으며 하나님께 불명예를 끼친 일에 대해 보복할 준비가 되어 있는 사람들은 모두 자기 앞으로 나오라고 하였습니다. 레위 지파가 앞으로 나왔으며, 모세의 명령을 따라서 우상을 숭배하던 백성 중에 삼천 명 가량을 칼로 죽였습니다(출 32 : 26-29). 모세가 죽기 전에 레위 지파에게 한 축복에서는, 그들이 친척이나 친구도 생각지 않고 절대적으로 헌신한 점이 나와 있으며 이러한 사실은 레위 지파가 하나님을 섬길 준비가 되어 있었음을 입증해 주는 것입니다. 그 축복의 말은 다음과 같습니다. "주의 둠밈과 우림이 주의 경건한 자에게 있도다…그는 그 부모에게 대하여 이르기를 내가 그들을 보지 못하였다 하며 그 형제들을 인정치 아니하며 그 자녀를 알지 아니한 것은 주의 말씀을 준행하고 주의 언약을 지킴을 인함이로다"(신 33:8,9).

똑같은 원칙이 아론의 손자 비느하스의 이야기에 인상적으로 예시되어 있습니다. 비느하스는 하나님께 대한 열심으로 하나님의 명령에 순종치 않는 사람들을 심판하였습니다. 그 이야기는 아주 많은 것을 암시합니다. "여호와께서 모세에게 일러 가라사대 제사장 아론의 손자 엘르아살의 아들 비느하스가 나의 질투심으로 질투하여 이스라엘 자손 중에서 나의 노를 돌이켜서 나의 질투심으로 그들을 진멸하지 않게 하였도다 그러므로 말하라 내가 그에게 나의 평화의 언약을 주리니 그와 그 후손에게 영원한 제사장 직분의 언약이라 **그가 그 하나님을 위하여 질투하여** 이스라엘 자손을 속죄하였음이니라"(민 25:10-13). 하나님의 질투심으로 질투하는 것, 곧 하나님의 명예를 위해 질투하는 것과 죄를 대적하여 일어나는 것은, 영원한 제사장 직분의 언약에 들어가는 문이며 하나님의 백성을 가르치며 그들을 위해 주 앞에서 기도하며 많은 사람을 돌이켜 죄악에서 떠나게 하는 거룩한 일을 하나님께 위임받는 비결입니다(신 33:10; 말 2:6).

새 언약은 하나님의 영광이나 사람을 구원하는 일보다, 자신의 행복을 구하거나 자신을 성결케 하는 것으로 남용될 위험이 있습니다. 우리 자신의 행복이나 거룩함을 추구하는 일이 완전히 무시되지 않는 곳에서는 하나님의 영광이나 사람을 구원하는 일이 제 자리를 차지하고 있지 못합니다. 그것은 다른 모든 것을 이루는 일로서 마땅히 가장 소중하고도 으뜸 되는 위치를 차지하고 있어야 하는 일이, 사람에게 유익이 되고 사람에게 복을 주는 일 다음으로 밀려나 있는 것입니다. 하나님의 뜻과 명령을 방해할 만한 모든 것들을 과감하게 무시하고, 하나님의 질투심으로 죄에 맞서 질투하며, 어떠한 희생을 치르더라도 그 죄에 대항하여 증거하고 싸우는 일, 이러한 일이 바로 제사장의 직무를 맡기 위한 훈련입니다.

오늘날 세상에 필요한 사람은 바로 이러한 사람으로, 그 안에 하나님의 불이 타오르는 하나님의 사람, 곧 자기 백성이 드리는 금송아지 예배로 모욕받으시는 하나님을 위해 힘있게 서서 말하고 행동할 수 있는 사람입니다. 돈과 교회 안에 있는 부자들에게 부여된 위치를 보십시오. 세속적인 것과 허영이 자리잡고 있거나 혹은 더욱 미묘하게 하나님께 드리기로 되어 있는 예배가 애굽의 우상 숭배의 모습을 띠고 있으며 세상의 지혜와 세속의 삶을 따르는 위험에 처해 있습니다. 하나님과 언약을 맺고 있다고 고백한다고 하더라도 하나님께서 인정하시지 않는 경우가 종종 있습니다. "각 사람이 그 아들과 그 형제를 쳤으니 오늘날 여호와께 헌신하게 되었느니라." 모세의 이 요청은 오늘날에도 계속되는 아주 필요한 요청입니다. 그러한 요청에 응답하는 사람은 누구나 제사장의 직분을 보상으로 받습니다.

　새 언약이 뜻하는 바를 완전히 알기 원하는 사람은 모두 하나님께서 레위 지파와 맺으신 생명과 평강의 언약을 기억해야 합니다. 중보자가 되라는 하나님의 거룩한 소명을 받아들이는 일은 끊임없이 하나님 앞에서 다른 사람을 위해 간구하고 자신을 바치는 것을 뜻합니다. 하나님과 사람 사이에 벌어진 틈 사이에 서도록 하나님께서 찾으시고 발견한 사람으로서 사랑하고 일하며 기도하고 믿으십시오. 새 언약은 희생과 죽음을 대가로 주신 언약이었습니다. 우리가 주님의 영광을 나타낼 때에 새 언약을 가장 고귀한 것이라 생각하고 새 언약의 삶을 온전히 살도록 하는 언약으로 여기어, 희생과 죽음의 영께서 우리가 모든 제사장 직분을 수행하는 데 능력으로 역사하시게 하십시오. **자신을 희생시키어 이웃을 위해 살고, 이웃을 위해 죽으십시오.**

　하나님께서 우리와 언약을 맺으신 주된 이유 가운데 한 가지는 자주 이야기했듯이 하나님에 대한 강한 확신과 하나님께서 자신의 약속을 충실히 지키신다는 강한 확신을 우리에게 일깨워 주시기 위함입니다. 또한 하나님께서 우리에게 믿음을 일깨우시고 강화시키시는 목적의 하나는 세상에 하나님의 복을 전하는 통로로 우리를 사용하시기 위함입니다. 사람을 구속하시는 사역에서 하나님은 중보기도가 첫번째 자리를 차지하길 바라십니다. 하나님은 우리가 하늘에 계신 하나님으로부터 받아 세상에 전할 수 있는 영적인 생명과 능력을 받도록 우리를 하나님께로 부르시려고 하셨습니다. 하나님은 많은 경우에 죄인들을 다루시기가 얼마나 어렵고 소망이 없는 일인지 알고 계십니다. 우리 기도에 응답하여 하나님께서 강한 능력으로 우리 주위에 있는 사람들을 구원하실 것을 우리가 믿기가 결코 쉬운 일이 아니라는 것도 하나님은 알고 계십니다. 또한 하나님은 기도 응답이 오랫동안 지체되고 해를 거듭할수록 전보다 더욱 어려워 보이는 경우에 기도로 참고 견디는 데에는 강한 믿음이 필요하다는 것도 알고 계십니다. 따라서 하나님은 새 언약의 모든 복을 주시면서 하나님의 능력을 믿는 믿음이 할 수 있는 것을 우리 경험을 통해 입증하시겠다고 보장하십니다. 그리하여 우리가 다른 사람들을 위해 구하는 것을 확신있게 기대하게 하십니다.

제사장의 직분을 맡은 우리 삶에는 또 다른 측면이 남아 있습니다. 제사장들은 그들의 형제들과는 달리 아무런 기업도 받지 못했습니다. 주 하나님이 그들의 기업이었습니다. 그들은 하나님이 임재하시는 존전으로 나아갔습니다. 거기서 그들은 다른 사람들을 위해 중보 기도를 할 수 있었고 그리고 나서 하나님이 어떤 분이시며 하나님의 뜻이 무엇인지를 증거할 수 있었습니다. 그들의 개인적인 특권과 경험은 제사장의 임무를 맡아서 할 수 있도록 그들을 준비시켜 주었습니다. 우리가 능력 있는 중보 기도를 하려면 새 언약의 삶을 완전히 실현하는 삶을 살아야 합니다. 새 언약의 삶은 자유와 하나님께 대한 확신을 주며 인내하는 능력을 줄 뿐 아니라, 사람에 대해서는 하나님께서 우리를 위해 하신 일이 무엇인지 증거하고 입증할 수 있는 능력을 줍니다. 여기에 새 언약의 충만한 영광이 있습니다. 그리하여 새 언약의 중보자인 그리스도처럼 우리 안에도 사람을 섬기도록 우리를 불태우는 하나님의 사랑의 불꽃이 있습니다. 새 언약의 가장 큰 영광은 영원한 제사장 직분의 언약이 되어야 한다는 사실을 깨닫게 되기를 바랍니다.

16 새 언약의 일꾼

"너희가 우리의 편지라 우리 마음에 썼고 뭇사람이 알고 읽는 바라 너희는 우리로 말미암아 나타난 그리스도의 편지니 이는 먹으로 쓴 것이 아니요 오직 살아 계신 하나님의 영으로 한 것이며 또 돌비에 쓴 것이 아니요 오직 육의 심비에 한 것이라 우리가 그리스도로 말미암아 하나님을 향하여 이같은 확신이 있으니 우리가 무슨 일이든지 우리의 만족은 오직 하나님께로서 났느니라 저가 또 우리로 새 언약의 일꾼 되기에 만족케 하셨으니 의문으로 하지 아니하고 오직 영으로 함이니 의문은 죽이는 것이요 영은 살리는 것임이니라"(고후 3 : 2-6).

우리는 새 언약이 성령의 직분임을 살펴보았습니다(7장). 성령께서 신령한 능력과 생명으로 새 언약의 온갖 은혜와 복을 베푸십니다. 성령은 새 언약의 일꾼으로 부르심을 받은 성령의 일꾼들을 통해서 이 일을 행하십니다. 사람들에 대한 새 언약의 신령한 사역과 세상에서 하나님의 종들이 맡은 사역은 똑같이 성령의 능력을 통해 나타나도록 되어 있습니다. 새 언약의 직분은 그 직분이 성령과 능력을 나타내는 것이 되어야 한다는 점에서 영광과 열매가 있는 것입니다.

이러한 점은 옛 언약과는 참으로 대조적입니다. 모세는 자신에게 비친 하나님의 영광을 받았으나 자신의 얼굴을 수건으로 가리워야 했습니다. 이스라엘은 하나님의 영광을 볼 수가 없었습니다. 이스라엘이 모세의 글을 읽고 들을 때 그들 마음에는 수건이 가려져 있었습니다. 모세로부터 이스라엘은 하나님의 영광에 대한 지식과 생각과 갈망을 얻을 수 있었지만 하나님께서 말씀하시는 것의 영광을 볼 수 있게 해주는 성령의 능력을 받지 않았습니다. 새 언약이 지극히 영광스런 언약이라고 하는 것은 새 언약이 성령의 직분이며, 새 언약의 일꾼들은 하나님으로부터 충분한 능력을 공급받는다는 점입니다. 하나님께서 그들을 성령의 일꾼으로 삼으시고 성령으로 하나님의 말씀을 말할 수 있도록 하셨기 때문에 그들은 마음에 새겨져 있고, 듣는 자들이 읽을 수 있는 살아 있는 그리스도의 편지가 되어 마음과 삶에 새겨진 율법을 나타냅니다.

성령의 사역! 그 사역 안에 있는 영광은 참으로 놀라운 것입니다! 성령의 사역이 부여하는 책임은 대단한 것입니다! 성령의 사역을 위해 정말로 충만한 은혜가 공급됩니다! 성령의 일꾼이 된다는 것이 얼마나 놀라운 특권인지 모릅니다!

기독교계 전체를 통틀어 복음의 일꾼이라고 일컫는 사람들은 수만이나 됩니다. 그리스도인의 삶을 살려고 그들을 의지하는 수백만 사람들이 살거나 죽는 데 그러한 복음의 일꾼들이 끼치는 영향력은 상상할 수조차 없이 대단한 것입니다. 그 모든 일꾼들이 다 성령의 일꾼이라면 참으로 놀라운 힘이 생겨날 것입니다! 하나님께서 뜻하시는 복음의 직분을 깨닫고, 그 직분을 잘 알기 위해 기도하고 힘쓰게 되기까지 우리는 하나님의 말씀을 살펴볼 필요가 있습니다.

하나님은 우리를 성령의 일꾼으로 삼으셨습니다. 먼저 생각할 것은 새 언약의 일꾼은 개인적으로 성령께 사로잡힌 사람이어야 한다는 것입니다. 성령의 사역은 두 가지로 나타납니다. 거룩한 품성과 인격을 주시는 사역과, 일을 할 수 있도록 사람을 준비시키고 능력을 주시는 사역입니다. 언제나 첫번째 사역이 앞서야 합니다. 제자들이 맡은 일을 할 수 있도록 성령을 받게 되리라는 그리스도의 약속은 그리스도를 따르고 사랑하며 그리스도의 명령을 지켰던 사람들에게 분명하게 주신 약속이었습니다. 성령으로 거듭난 것만으로는 충분치가 않습니다. 새 언약의 "만족할 만한 일꾼"이 되려면 성령의 이끄심을 받는다는 것과 성령 안에서 행하는 것과 "그리스도 예수 안에 있는 생명의 성령의 법이 죄와 사망의 법에서 너를 해방하였음이라"(롬 8 : 2) 하고 말하는 것이 무슨 뜻인가를 알아야 합니다.

헬라어나 히브리어를 배우려고 하는 사람이 그 언어에 대해 아무것도 모르는 사람에게서 배우려고 할 사람이 어디 있겠습니까? 그렇다면 성령 안에 사는 것이 어떠한 것인가 경험하여 보지도 못한 사람이 오로지 "성령의 직분", 곧 천상적인 생명과 능력의 직분인 새 언약의 일꾼이 될 수 있겠습니까? 새 언약의 일꾼은 새 언약의 약속을 이루면서 하나님의 진리와 능력을 직접 증거하는 증인이 되어야 합니다. 일꾼들은 선택된 자들이어야 하며, 그들은 성령께서 사람을 거룩하게 하시기 위해서 하실 수 있는 바와 하나님의 능력이 역사하심으로 하나님의 일을 할 준비가 되어 있는 사람들을 나타내는 가장 훌륭한 모범이 되어야 합니다.

하나님은 우리를 성령의 일꾼으로 삼으셨습니다. 성령께 사로잡혀야 한다는 것 다음으로 생각할 것은, 맡은 직분의 일은 모두 성령의 능력으로 할 수 있다는 진리입니다. 그리스도께서 성령의 일꾼들을 보내셔서 하늘의 일과 그리스도의 일을 하게 하시고, 자기 손의 도구가 되게 하시어 그들을 통해 일하신다는 보증은 말할 수 없이 귀한 보증입니다. 그리스도께서는 하늘의 능력으로 그들을 입히십니다. 그들의 소명은 "하늘로부터 보내신 성령을 힘입어 복음을 전하는 자들로"(벧전 1:12) 분명한 것입니다. 감정에 관한 한 성령의 일꾼들은 바울처럼 "내가 너희 가운데 거할 때에 약하며 두려워하며 심히 떨었노라"(고전 2:3) 하고 말하여야 할지도 모릅니다. 이 말은 성령의 일꾼들이 "내 말과 내 전도함이 지혜의 권하는 말로 하지 아니하고 다만 성령의 나타남과 능력으로 하여"(고전 2:4)라는 말을 덧붙이지 못하게 하기보다는 오히려 그렇게 덧붙여 말할 수 있는 비결이 될 수도 있습니다. 하나님의 자녀들이 언약의 참된 복을 전하고 가르치는 새 언약의 일꾼이 되어 새 언약 안에 살도록 이끌려면, 성령께서 사역하시는 것을 따라 자기 안에 새 언약의 능력을 충분히 경험하는 것보다 더 도움이 되는 것은 없습니다. 하나님의 말씀을 혼자서 묵상하든 교인들에게 전할 하나님의 뜻을 구할 때든지, 은밀히 기도하든 중보 기도를 하든, 상담을 하든 가르치든간에 우리 안에 역사하시는 하나님의 힘의 능력으로 성령께서 힘주시기까지 기다리며, 그 힘을 받아들이고 그 힘에 굴복하여야 합니다. 이것이 바로 그 일을 하기에 충분한 능력입니다. 성령의 일꾼된 사람은 날마다 조용히 성령의 기름 부으심, 다시 말해 그리스도로부터 그의 영과 생명의 새로운 입김을 구하고 받아들이기를 바랍니다.

하나님은 우리를 성령의 일꾼으로 삼으셨습니다. 앞에 이야기한 것 못지 않게 중요한 사실이 있습니다. 성령의 일꾼들은 자신들의 직분이 사람들을 성령께로 이끄는 것임을 기억해야 한다는 것입니다. 성령의 이끄심을 따라 사람들을 가르치면 된다고 생각하는 사람들이 많습니다. 그렇지만 그것으로 충분치가 않습니다. 사람들은 일꾼을 지나치게 의존함으로써 성경의 가르침을 직접 깨닫지 못하고 간접적으로 얻을 수 있습니다. 성령의 일꾼이 사역하는 데 능력과 복이 있기는 하지만 그 결과가 어째서 영적으로 지속적으로 분명하게 나타나지 않는가 의아해 할 수도 있습니다. 그 이유는 간단합니다. 새 언약은 다음과 같습니다. "또 각각 자기 나라 사람과 자기 형제를 가르쳐 이르기를 주를 알라 하지 아니할 것은 저희가 작은 자로부터 큰 자까지 다 나를 앎이니라." 아버지 하나님은 모든 자녀들이 **하나님과 계속해서 개인적인 교제를 갖기를 원하십니다.** 하나님의 자녀가 성령을 알고 기다리도록 배우고 도움을 받지 않는다면 하나님과 교제를 갖는 일은 불가능합니다. 성경공부와 기도, 믿음과 사랑과 순종과 같은 날마다의 삶 전체가 내주하시는 성령의 가르침과 역사에 전적으로 의지하는 것임을 가르쳐야 합니다.

성령의 일꾼은 아주 분명하고도 지속적으로 자기에게서 성령께로 초점을 돌립니다. 이러한 일은 바로 세례 요한이 한 일입니다. 그는 나면서부터 성령으로 충만하였으나 자신에게 온 사람들이 그리스도를 바라보게 하였습니다. 그리스도도 똑같이 행하셨습니다. 그리스도는 고별 설교를 하시면서 제자들을 불러 자신의 개인적인 가르침에서 돌이켜, 그들 안에 거하시며 그리스도께서 그들에게 가르치신 모든 진리와 능력으로 그들을 이끄실 성령의 내적 가르침에 귀기울이게 하셨습니다.

  오늘날 교회에서 이보다 필요한 것은 없습니다. 교회가 약하고 형식주의에 빠지고 세속적이 되는 까닭과, 거룩함과 그리스도를 향한 개인적인 헌신과 주의 뜻과 나라를 위한 열정이 부족한 이유는 모두 성령을 알지 못하며 존중하지 않고 거룩한 삶을 살게 하는 모든 능력의 원천으로 성령께 굴복하지 않기 때문입니다. 새 언약을 모든 신자들 마음 가운데 계신 성령의 직분으로 알고 있지 않기 때문입니다. 교회가 필요로 하는 한 가지는 능력으로 하나님의 성도들의 삶 속에 거하시며 그 삶을 지배하시는 성령님입니다. 목사나 말씀을 가르치는 사람들에게 가장 필요한 일은 위대한 성령의 선물을 기뻐하며 그 능력 안에 사는 성령의 일꾼이 되는 일입니다. 성령께서 교인들이 자신들의 생득권을 얻게 되도록 지속적으로 애쓰실 것입니다. 그 생득권이란 마음속에 계신 성령님으로, 성령께서는 그치지 않고 아들 예수님과 아버지 하나님과 교제하도록 유지시켜 주시는 분입니다. 성령의 직분은 성령의 사역을 가능하게 하고 또한 그 사역이 효과를 거두게 합니다. 성령의 직분은 또한 성령의 사역이 교회의 생활 가운데 실제로 나타나게 합니다.

우리는 교회가 얼마나 교회의 사역에 의지하고 있는지를 압니다. 그 반대의 경우도 마찬가지입니다. 교회의 일꾼들은 교회에 의존합니다. 그들은 모두 교회의 자녀로 교회의 분위기를 호흡하며 교회의 건강함이나 연약함을 함께 나누어 지며 교회의 교제와 중보 기도에 의존합니다. 새 언약이 우리에게 요구하는 바는 오로지 우리가 혼자서 새 언약의 복을 받아들이고 기뻐하라는 것을 깨닫는 것이라고 생각하지 맙시다. 실제로 그렇지 않습니다. 하나님은 새 언약과 관계를 맺는 모든 사람이 새 언약의 특권은 하나님의 모든 자녀를 위한 것임을 알고 그러한 사실을 자신이 알려야 한다는 것을 깨닫기 바라십니다. 이러한 일을 하기 위해서는 교회의 직분을 생각하는 것보다 더 효과적인 방법은 없습니다. 하나님의 말씀(고전 2장;고후 3장)에 나타나는 교회의 직분과 우리 주위에서 볼 수 있는 교회의 직분과 그 유형을 비교하여 보십시오. 새 언약을 깨닫고 하나님께 영적인 직분을 구하는 사람들과 마음을 같이 하십시오. 성령께 어떠한 일을 하여야 하는가 구하고, 우리가 무슨 일을 할 수 있는지 가르쳐주시어 우리 교회의 직분이 진정으로 영적인 것이 되게 해달라고 구하십시오. 인간적인 칭찬이나 인간적인 비난은 아무런 도움도 주지 못할 것입니다. 우리가 성령님의 뛰어나신 위치를 분명하게 깨닫게 될 때에 비로소 우리 마음속으로 끊임없이 구하는 한 가지 소망은, 하나님께서 말씀의 일꾼들에게 자신들이 맡은 하늘의 소명을 깨닫게 하시어 그들이 무엇보다도 의문의 것이 아닌 성령에 속한 새 언약의 능력 있는 일꾼이 되기를 바라게 해달라는 것이 될 것입니다.

17 주의 거룩한 언약

"그 거룩한 언약을 기억하셨으니 … 우리로 원수의 손에서 건지심을 입고 종신토록 주의 앞에서 성결과 의로 두려움이 없이 섬기게 하리라 하셨도다"(눅 1 : 72-75).

사가랴가 성령 충만하여 예언할 때에 그는 하나님께서 거룩한 언약을 기억하심으로 자기 백성을 찾아오셔서 구원하실 것이라는 이야기를 하였습니다. 사가랴는 새 언약의 복이 어떠한 것이 될 것인가에 관해 말하였는데, 전에 사용하던 말로 하지 아니하고 성령께서 그에게 분명하게 계시하신 것으로 **"종신토록 주의 앞에서 성결과 의로 두려움이 없게 하리라"** 하고 이야기하였습니다. 거룩한 삶과 섬김은 하나님의 거룩하신 언약이 주는 가장 놀라운 선물입니다. 앞에서 살펴보았듯이 옛 언약은 거룩하라고 선포하였지만 새 언약은 우리에게 거룩한 마음과 삶을 놀라운 복으로 가져다 줍니다.

하나님의 속성 가운데 그 거룩하심 만큼이나 정의하기 어렵고 신비하고 이해할 수 없고 헤아릴 수 없이 영광스러운 것은 없습니다. 하나님은 하늘 보좌 위에서 위엄 가운데 바로 이 거룩함으로 특별히 예배받으십니다(사 6:2; 계 4:8 ; 15:4). 거룩함은 판단하고 정죄하는 하나님의 공의와 구원하시고 복주시는 하나님의 사랑을 하나로 맺어줍니다. 거룩하신 분으로 하나님은 소멸하는 불이시며(사 10:17), 거룩하신 분으로 하나님은 그의 백성 가운데 머물러 사십니다 (사 12:6). 거룩하신 분으로 하나님은 우리로부터 무한히 멀리 떨어져 계시며, 거룩하신 분으로 하나님은 또한 생각할 수 없을 만큼 우리 가까이 오셔서 우리로 하나님과 하나되게 하시며 하나님을 닮게 하십니다. 하나님께서 거룩한 언약을 주신 목적은 하나님께서 거룩하시듯 우리도 거룩하게 하려 하심입니다.

거룩하신 분으로 하나님은 "내가 거룩하니 너희도 거룩할지어다 나는 너희를 거룩하게 하는 여호와요" 하고 말씀하십니다. 가장 복된 일이라고 할 수 있는 것은 우리가 하나님의 신령한 속성인 거룩하심을 나누어 갖는다는 것입니다.

하나님의 거룩하심은 새 언약의 중보자이신 그리스도께서 가져다 주시는 놀라운 복입니다. 그리스도는 우리에게 "의로움과 거룩함"이 되셨는데 이 의는 성화 혹은 거룩함을 준비하기 위한 의입니다. 그리스도께서는 아버지 하나님께 "저희를 진리로 거룩하게 하옵소서…또 저희를 위하여 내가 나를 거룩하게 하오니 이는 저희도 진리로 **거룩함을 얻게 하려 함이니이다**"(요 17:17, 19) 하고 기도하셨습니다. 그리스도 안에서 우리는 거룩하게 된 성도요 거룩한 자들입니다 (롬 1:7; 고전 1:2). 우리는 하나님을 따라 의로움과 거룩함으로 창조된 새 사람을 입었습니다. 우리가 새로 지녀야 할 성품은 바로 거룩함입니다.

그리스도 안에서 우리는 거룩합니다. 우리가 이 사실을 믿고 받아들이며 진리에 순복하며 그리스도와 교제하는 중에 우리에게 계시되는 거룩함을 지니게 될 때, 우리는 거룩함이 얼마나 신령한 진리인가를 깨닫게 될 것입니다.

성령을 우리 마음에 주신 이유는 바로 이 때문입니다. 성령은 "성결의 영"이십니다. 성령께서 하시는 일은 모두 거룩함의 능력으로 하시는 일입니다. 바울은 "하나님이 처음부터 너희를 택하사 성령의 거룩하게 하심과 진리를 믿음으로 구원을 얻게 하심이니"(살후 2:13) 하고 말합니다. 우리는 진리의 말씀에 대해 온전하고 분명한 믿음을 가져야 하듯, 성령의 역사가 가져다 주는 거룩하게 하는 숨은 능력에 대해서도 그러한 확신을 가져야 합니다. 하나님께서 우리를 택하신 목적과 우리가 순종하는 말씀과 더불은 성령의 역사와의 관계는 베드로전서에 명백하게 나타납니다. "성령의 거룩하게 하심으로 순종함(을)…얻기 위하여 택하심을 입은"(벧전 1:2). 성령은 그리스도의 생명의 영이시기 때문에 우리가 성령을 알고 높이며 믿을 때에 새 언약에서는 성결이 우리가 갖는 언약의 권리라는 것을 배우고 경험하게 될 것입니다. 우리는 하나님께서 약속하셨듯이 하나님께서 우리 안에서 "종신토록 주의 앞에서 성결과 의로 두려움이 없게" 하시려고 역사하시리라는 것을 확신하게 될 것입니다. 그리스도 안에 있는 거룩함의 보화와 우리 마음속에 있는 거룩하게 하시는 영과 더불어 **우리는 거룩한 삶을 살 수 있습니다.** 다시 말해 우리가 그리스도를 우리로 "소원을 두고 행하게"하시는 분으로 믿는다면 말입니다.

 복되신 아들과 성령께서 우리 안에서 역사하신다는 이러한 언약의 약속에 비추어 볼 때, 신약에서는 어떠한 새로운 뜻을 가르쳐줍니까? 바울이 쓴 데살로니가전서를 살펴보십시오. 그 편지는 불과 몇 개월 전에 우상을 버리고 살아계신 하나님을 섬기고 하늘에서 강림하실 하나님의 아들을 기다리고 있던 사람들에게 쓴 것이었습니다. 데살로니가 사람들이 하나님께 구했을 거룩함에 대한 바울의 말은 너무나 고상한 뜻을 담고 있어서 많은 그리스도인들이 실제로는 이해할 수 없는 것으로 지나쳐 버립니다. 그 말은 다음과 같습니다. "너희 마음을 굳게 하시고 우리 주 예수께서 그의 모든 성도와 함께 강림하실 때에 하나님 우리 아버지 앞에서 **거룩함에 흠이 없게 하시기를 원하노라**"(살전 3 : 13). 이 말씀은 거룩함, 흠이 없는 거룩함 곧 거룩함에 흠이 없는 마음으로 모든 것들 가운데서 하나님으로 말미암아 굳게 서는 마음을 약속합니다. 바울은 실제로 다음과 같이 말할 수도 있습니다. "우리의 전하는 바를 누가 믿었나이까." 바울은 자기 자신에 대해 이렇게 말하였습니다. "우리가 너희 믿는 자들을 향하여 어떻게 **거룩하고 옳고 흠없이** 행한 것에 대하여 너희가 증인이요 하나님도 그러하시도다"(살전 2 : 10). 바울은 데살로니가 사람들에게 하나님께서 자신에게 행하신 것을 그들에게도 행하시어 그들에게 거룩하여 흠이 없는 마음을 주실 것이라는 확신을 줍니다. 교회가 하나님의 강한 능력과 하나님의 거룩한 언약의 진리를 너무나 믿지 않기 때문에 마음의 거룩함과 같은 은혜에 대해서 거의 이야기하지 않습니다. 이 말씀(살전 2 : 10)을 "우리 주 예수께서 그의 모든 성도와 함께 강림하시는"이라는 구절과 같이 인용하는 경우가 종종 있으나, 이 말씀이 실제로 뜻하는 바는 예수께서 오실 때에 우리가 하나님으로 말미암아 거룩한 가운데 흠이 없는 마음으로 굳게 서서 주를 만나게 될 것이라는 것입니다. 그런데 이러한 뜻을 거의 이해하지 못하거나 선포하지도 기대하지도 않고 있습니다.

데살로니가전서에서 우상숭배에서 돌이켜 회심한 새 신자들에게 주의 강림에 관해 이야기하고 있는 다른 구절을 살펴보십시오. 어떤 사람들은 주의 강림에 대해 많이 이야기하면 우리가 거룩하게 될 것이라고 생각합니다. 천만의 말씀입니다! 많은 경우에, 주의 강림에 대해 이야기하는 것은 아무런 도움이 되지 않았습니다. 우리의 기다림이 유대인들이나 제자들처럼 육적인 기다림과 다르게 만드는 것은 하나님께서 직접 우리 안에서 역사하심으로 이루어지고, 우리가 믿고 하나님께 기대하는 새 언약의 거룩함입니다. 잘 들어보십시오. "평강의 하나님"이 바로 새 언약을 푸는 열쇠입니다. 우리로선 결코 할 수 없는 일을 하나님께서 우리 안에 이루셔서 우리로 "온전히 거룩하게" 하실 것입니다. 또한 우리는 우리 "온 영과 혼과 몸이 우리 주 예수 그리스도 강림하실 때에 흠없게 보전"되게 하시기를 구하고 기대할 수 있습니다. 마음속에 떠오르는 의심을 해결해 주듯 데살로니가전서에서는 "너희를 부르시는 이는 미쁘시니 그가 또한 이루시리라"고 말하고 있습니다. 사람의 마음에 들어오지 않았던 것을 하나님을 기다리는 사람들 안에서 하나님께서 이루실 것입니다. 우리의 거룩함은 우리 안에 계신 삼위 일체 하나님의 즉각적인 능력의 역사로 말미암는 것이 되어야 하고, 우리의 영적 삶이 끊임없이 하나님으로부터 직접 공급받는 삶이 되어야 한다는 것을 교회가 깨달아 믿게 되기까지 이러한 약속들은 봉인된 채 열려지지 않은 책으로 남아 있게 됩니다.

이제 사가랴를 통해 하나님께서 우리를 거룩하게 하시고, 우리가 성결과 의로 주를 섬기도록 거룩함에 마음을 굳게 하시는 하나님의 거룩하신 언약을 기억하신다는 성령의 예언으로 다시 돌아갑시다. 한 마디 한 마디가 얼마나 중요한 뜻을 지니는지 주목하십시오.

우리에게 주심(개역 성경에는 생략되어 있음-역자주). 언약은 하늘로부터 주시는 선물이 되어야 합니다. 언약과 함께 주어진 약속은 "나 여호와가 말하였고 내가 이루리라"는 것이었습니다. 우리는 하나님께서 이루실 일과, 하나님께서 그 일을 이루시리라는 것을 알려달라고 간구할 필요가 있습니다. 모든 것을 하나님께 바랄 때 언약의 복을 발견하게 될 것입니다.

원수의 손에서 건지심을 입고. 사가랴는 본문 바로 앞에서 "우리를 위하여 구원의 뿔을 그 종 다윗의 집에 일으키셨으니…우리 원수에게서와 우리를 미워하는 모든 자의 손에서 구원하시는 구원이라"하고 말하였습니다. 거룩하신 하나님을 섬길 수 있거나 거룩해질 수 있는 백성은 자유케 된 백성뿐입니다. 로마서 6-8장의 가르침을 경험하여 "죄로부터 해방되고", "율법에서 해방되고", "그리스도 예수 안에 있는 생명의 성령의 법이 죄와 사망의 법에서 나를 해방하였다" 하는 것을 알 때만이 우리를 가로막을 수 있는 온갖 권세에서 완전한 자유를 얻은 가운데서 하나님께서 그 강하신 역사를 내 안에서 이루시리라 기대할 수 있습니다.

섬기게 하리라. 하나님의 종은 하나님의 일을 준비하는 데 시간을 쏟으면서 하나님을 섬기는 것이 아니라 하나님의 일을 직접 **하면서** 하나님을 섬기는 것입니다. 거룩한 언약은 우리를 해방시키며, 하나님께서 자신의 일을 위해 우리를 쓰실 수 있도록 신령한 은혜를 줍니다. 그 일은 그리스도께서 시작하신 일이며 현재 우리가 수행하고 있는 일입니다.

두려움이 없이. 하나님 앞에서 어린아이와 같은 확신과 담대함을 가져야 합니다. 그것은 사람 앞에서도 마찬가지입니다. 온갖 어려움에서도 두려움에서 벗어날 수 있는 까닭은 하나님께서 우리 안에서 모든 것을 이루실 것을 알아, 우리를 위해서 우리를 통해 모든 역사를 이루실 하나님을 신뢰할 수 있기 때문입니다.

주의 앞에서. 하나님께서 우리의 순종과 담대함을 끊임없이 보증하시듯 하루 온종일 우리 곁에 항상 임재하시는 것은, 우리가 온전히 거룩하게 되는 비결입니다.

종신토록. 하루 온종일 뿐만 아니라 날마다 그러합니다. 이는 예수께서 영원한 생명의 능력으로 대제사장이 되시기 때문이며, 언약의 약속대로 하나님의 강한 역사가 하나님처럼 변함이 없기 때문입니다.

하나님의 말씀이 이제껏 생각하거나 기대했던 것 이상의 의미를 지니고 있음을 깨닫기 시작하셨습니까? 마땅히 그러해야 합니다. "우리의 온갖 구하는 것이나 생각하는 것에 더 넘치도록 능히 하실 이에게 영광을 돌리자"하고 말하게 되고, 하나님의 전능하시고 초자연적이고 전혀 측량할 수 없는 은혜와 능력으로 우리 안에 새 언약의 삶을 이루어 **우리를 거룩하게** 하시기를 기대하게 될 때에야 비로소 우리는 자신이 무기력하다는 것을 깨닫고 하나님을 의지하는 자리에 참으로 이르게 될 것입니다. 하나님의 말씀이 진리임을 믿고 스가랴와 함께 다음과 같이 말합시다. "찬송하리로다 주 이스라엘의 하나님이여 그 백성을 돌아보셨으니…우리 조상을 긍휼히 여기시며 그 거룩한 언약을 기억하셨으니…우리로 원수의 손에서 건지심을 입고 종신토록 주의 앞에서 성결과 의로 두려움이 없이 섬기게 하리라 하셨도다."

18 마음을 다하여 언약에 참여함

"또 마음을 다하고 성품을 다하여 열조의 하나님 여호와를 찾기로 언약하고"(역하 15 : 12 ; 34 : 31 ; 열하 23 : 3).

"네 하나님 여호와께서 네 마음과 네 자손의 마음에 할례를 베푸사 너로 마음을 다하며 성품을 다하여 네 하나님 여호와를 사랑하게 하사 너로 생명을 얻게 하실 것이며"(신 30 : 6).

"내가 여호와인 줄 아는 마음을 그들에게 주어서 그들로 전심으로 내게 돌아오게 하리니 그들은 내 백성이 되겠고 나는 그들의 하나님이 되리라"(렘 24 : 7 ; 29 : 13).

"내가 그들에게 복을 주기 위하여 그들을 떠나지 아니하리라 하는 영영한 언약을 그들에게 세우고 나를 경외함을 그들의 마음에 두어 나를 떠나지 않게 하고 내가 기쁨으로 그들에게 복을 주되 정녕히 나의 마음과 정신을 다하여 그들을 이 땅에 심으리라"(렘 32 : 40, 41).

아사, 히스기야, 요시야 왕 때에, 이스라엘이 전심으로 "언약"을 맺고 "이 책에 기록된 이 언약의 말씀을 이루게 하리라"(왕하 23 : 3) 하고 약속하는 내용이 나옵니다. 아사 왕 때에는 "…여호와께 맹세하매 온 유다가 이 맹세를 기뻐한지라 무리가 마음을 다하여 맹세하고 뜻을 다하여 여호와를 찾았으므로 여호와께서도 저희의 만난 바가 되시고 그 사방에 평안을 주셨더라"(대하 15 : 14,15) 하는 말씀이 나옵니다. 마음을 다하는 것은 언약에 참여하고, 언약을 통해 하나님을 발견하는 비결입니다. 마음을 다하는 것은 구원의 기쁨을 얻는 비결로 언약이 가져다 주는 모든 복을 온전히 누리게 되는 비결인 것입니다. **하나님은 온 마음과 정성을 다하여** 자기 백성에게 복 주기를 기뻐하십니다. 우리가 하여야 할 일은 **온 마음과 정성을 다하여** 우리에게 복 주시는 하나님의 기쁨에 참여하여 그 기쁨을 누리는 것입니다. 드리는 만큼 우리는 얻게 될 것입니다.

새 언약에 관해 가르쳐주는 하나님의 말씀을 깨닫기 시작하였으면 언약을 통해 만나는 두 당사자에 관해서 하나님의 말씀이 무엇을 계시해 주는가를 알게 됩니다. 하나님 편에서는 우리가 하나님을 섬기고 기쁘시게 해드리는 데 필요한 모든 것을 우리를 위해 우리 안에서 행하시겠다고 약속하십니다. 하나님은 전심으로 우리에게 복 주기를 기뻐하십니다. 하나님은 우리를 위해 하나님께서 하실 수 있는 일을 모두 하시며, 자신을 우리의 전부가 되도록 주시면서 우리 하나님이 되실 것입니다. 그리고 우리 편에서는 "전심으로 하나님께 돌이켜서" "우리 마음을 다하고 힘을 다하여 하나님을 사랑할" 수 있는 방법과 능력을 알아내야 합니다. 첫째 되는 큰 계명으로 하나님께서 자신을 온전히 계시하실 수 있도록 하는 유일한 조건은 "네 마음을 다하여 주 너의 하나님을 사랑하라"는 것입니다. 그 계명은 바뀔 수 없는 계명입니다.

새 언약은 우리를 하나님의 사랑 안으로 끌어올리고, 하나님의 은혜 가운데서 믿음으로 일어서서 담대함을 갖게 함으로써 순종하는 은혜를 주며, 마음을 다해 하나님을 섬기는 일에 언약과 생명의 하나님께 자신을 굴복시키는 은혜를 줍니다.

마음을 다하여 하나님을 사랑하고 섬긴다는 것! 그것에 대해 내가 어떻게 말할 수 있겠습니까? 마음을 다하여 하나님을 사랑하고 섬기는 일이 절대적으로 필요한 일이라는 것에 관해 이야기할까요? 그것은 하나님과 참된 교제를 나누는 절대적인 조건으로 어떠한 것도 그것을 대신할 수는 없습니다. 그것이 너무나도 당연하다는 것에 대해 이야기할까요? 사랑하는 모든 것과 선하고 복된 모든 것의 근원 되시는 모든 영광의 하나님께 온 마음을 다 드리는 사랑에 못 미치는 그 어떠한 것을 드리겠다는 생각은 한 순간이라도 가질 수가 없는 것입니다. 그로 인해 얻는 무한한 복에 대해 이야기할까요? 온 마음을 다해 하나님을 사랑하는 것은 하나님의 크신 사랑을 우리 마음에 받아들이고 그 사랑 안에서 기뻐할 수 있는 유일한 방법입니다. 자신을 그 놀라운 사랑에 굴복시켜, 세상에서 사랑을 느끼게 될 때 기쁘게 되는 것과 마찬가지로 하나님께서 직접 우리가 전심으로 하나님을 사랑하는 것에 대한 하늘의 기쁨을 맛보게 하시도록 해주시길 하나님께 의탁해야 합니다. 그러한 자세가 너무나도 부족하다는 것에 관해 이야기할까요? 그렇습니다. 어떻게 그 부족한 것을 말할 수 있겠습니까? 눈을 열어 마음에 감동을 주는 말씀을 찾을 수 있습니까? 어떻게 하여 하나님을 믿고 사랑하며 전심으로 하나님을 사랑하려는 열망과, 하나님을 기쁘시게 해드리고 하나님께 온전히 사로잡히기 위해 하나님께 모든 것을 희생하여 하나님을 모시어 들이는 전심의 참된 마음이 보편적으로 부족한가를 말씀이 설명해 줄 수 있습니까? 언약이 그것을 제시해 주었습니다. 삼위일체 하나님께서 우리 마음을 지배하시며, 마음속에 거하심으로 전심으로 하나님을 사랑하게 하실 것입니다. 언약의 복되신 중재자께서 우리가 해야 하는 모든 일을 떠맡으십니다. 성령으로 말미암아 우리 마음속에 흠뻑 뿌려진 주님의 강제적인 사랑이 그러한 마음을 주시며 유지시켜 주십니다. 그렇기 때문에, 어떻게 이러한 모든 것을 다 말할 수 있겠습니까 하고 묻는 것입니다.

이 책에서 이미 충분히 이야기하지 않았습니까? 말과 생각 이외에 다른 것을 더 필요로 하지 않습니까? 우리에게 필요한 일은 차라리 우리 안에 머물러 계신 성령께 조용히 주목하고, 성령을 통해 우리 주께서 주시는 빛과 능력인 믿음 안에서 하나님께서 우리 마음속에 마련해 주신 마음에 관해 말씀하시는 것을 받아들이고 순종하는 일이 아닙니까? 하나님을 사랑하도록 우리 마음에 계신 성령과 함께 주신 새 마음은 온전히 하나님을 위한 마음임에 틀림없습니다. 믿음으로 그 놀라운 선물을 받아들이고 기뻐하며, 두려움없이 "오 주님, 내 온 마음을 다해서 주님을 사랑하겠습니다" 하고 말하도록 하십시오. 하나님께서 우리에게 그런 마음을 주셨다는 것이 어떠한 뜻인지 잠깐만 생각해 보십시오.

우리는 하나님께서 주신다는 것이 무슨 뜻인지를 압니다. 하나님께서 주시는 것은 우리가 얼마만큼 받아들이느냐에 따라 결정됩니다. 하나님은 우리에게 영적인 것을 소유하도록 강요하지 않으십니다. 하나님은 영적인 것들을 받아들일 준비가 되어 있는 갈망과 믿음의 크기 대로 그러한 것들을 약속하시고 주십니다. 하나님은 신령한 능력으로 주십니다. 믿음으로 하나님의 신령한 능력에 굴복하고 그 능력이 주는 선물을 받아들일 때에, 우리는 그 선물을 인식하고 경험으로 얻게 됩니다.

우리가 하나님께 받는 영적인 선물들은 **사람의 이성으로는 알 수 없는 것들입니다.** "하나님이 자기를 사랑하는 자들을 위하여 **예비하신** 모든 것은 눈으로 보지 못하고 귀로도 듣지 못하고 사람의 마음으로도 생각하지 못하였다 함과 같으니라 오직 하나님이 **성령으로 이것을 우리에게 보이셨으니** … 오직 하나님께로 온 영을 받았으니 이는 우리로 하여금 **하나님께서 우리에게 은혜로 주신 것들을 알게 하려 하심이라**"(고전 2 : 9,10,12). 우리가 우리 자신을 굴복시켜 성령의 인도하심을 받고 가르침을 따를 때에야 우리 믿음은 새로운 마음을 얻고 그 마음과 더불어 주시는 모든 것들로 기뻐할 수 있습니다.

그리고 이러한 **신령한 주심은 지속적입니다.** 내가 어떤 사람에게 선물을 주면 그 사람은 그 선물을 받아들이고 나는 그 사람을 다시 만나지 않을 수 있습니다. 하나님은 사람들에게 종종 선물을 주시지만 사람들은 하나님을 한번도 생각하지 않습니다. 그렇지만 영적인 선물은 하나님과 직접 끊임없이 교제함으로만 받아 누릴 수 있는 것입니다. 새로운 마음은 우리 힘으로 갖게 되는 것이 아니라, 생각하고 사랑하는 것과 같은 천부적인 것입니다. 아니, 오로지 하나님을 끊임없이 의지할 때에만, 새로운 마음이라는 하늘의 선물은 날마다 손상되지 않고 유지될 수 있으며 더욱 굳건해질 수 있습니다. 하나님께서 직접 임재하시고, 끊임없이 하나님을 의지할 때만이 하나님께서 주시는 영적인 선물을 유지할 수가 있습니다.

더 나아가 **영적인 선물은 믿음 안에서 행위와 일치하는 순종으로만** 누릴 수 있는 것입니다. 우리가 사랑함과 온유함, 담대함과 같은 그리스도인의 삶에 베푸신 은혜들을 실천하게 되기까지는 그러한 은혜들을 하나도 느끼거나 알 수 없으며 그러한 능력들이 강해질 수도 없습니다. 그리스도인의 삶에서 누릴 수 있는 은혜들을 느낄 때까지 혹은 그러한 은혜의 능력들이 강해질 때까지 기다려서는 안됩니다. 하나님께서 우리에게 그러한 은혜를 주셨다는 믿음에 순종함으로 그러한 은혜들을 행동으로 옮기기 시작해야 합니다. 새 마음과 하나님께서 새 언약 안에서 새 마음에 주신 모든 것에 관하여 어떠한 말씀을 읽든간에 우리는 담대하게 믿고 그러한 것들을 실천에 옮겨야만 합니다.

이러한 모든 것은 특별히 전심으로 하나님을 사랑하는 사람에게만 적용됩니다. 처음에는 그 뜻하는 바에 관해 많이 모를 수도 있습니다. 하나님은 우리 마음에 새 마음을 심어 주실 때에 우리 몸에 알맞은 것을 마련하여 주셨는데 용기를 주는 원칙으로 자아를 부인해야 하며, 계속해서 십자가에 못박아야 하며, 성령으로 말미암아 자아가 죽어야 한다는 것입니다. 하나님은 우리를 세상에 한 가운데 서게 하셨습니다. 우리는 그곳으로부터, 세상과 세상의 영에 속한 모든 것으로부터 나와서 세상과 완전히 분리되어야 합니다. 하나님은 우리에게 하나님의 나라를 위해 할 일을 주셨으며, 그 나라의 일을 위해 우리의 모든 관심과, 시간과, 열심을 요구하십니다.

주변에서 그리스도인의 삶에 대한 통상적인 기준을 살펴보면 마음을 다하는 것과 하나님과 하나님을 섬기는 일에 전적으로 헌신한다는 생각은 거의 찾아볼 수가 없다는 것을 발견할 것입니다. 어떻게 하면 현세의 삶을 죄책감없이 더 많이 누리기 위해 두 세계를 잘 이용하느냐 하는 원칙이 지배적이며 그 당연한 결과로 현세가 더 큰 관심을 차지해 버립니다. 자신을 기쁘게 하는 일을 합당한 것으로 여기고, 자기를 부인하는 그리스도와 같은 삶은 거의 생각지 않습니다. 마음을 다하면, 우리가 그리스도의 명령을 받아들이고 값비싼 진주를 사기 위해 모든 것을 팔 수 있도록 인도함을 받게 됩니다. 처음에는 마음을 다한다는 것이 어떠한 것을 뜻하는지 두려울 수도 있겠지만 주저하지 말고 아버지 하나님의 귀에다 대고 '내 온 마음을 다하여'라고 자주 말씀하십시오. 우리는 성령께서 그 말의 뜻을 밝히시고 하나님께서 그 뜻 안에서 우리에게 요구하시는 섬김과 희생에 대해 알리시며, 그 능력을 키우시며, 그 축복을 계시하시고, 온 마음을 다하는 마음이 우리 언약의 하나님께 헌신하는 마음이 되도록 해주시기를 기대할 수 있습니다.

그렇다면 전심으로 영원하신 새 언약에 들어갈 준비가 되어 있는 자는 누구입니까? 우리 모두 그 준비를 합시다. 먼저, 우리 안에 거하시는 성령을 통해 그리스도 안에 우리를 위해 실제로 예비해 두셨던 대로 전심으로 사랑하고 순종하는 천상적인 삶에 대한 비전을 보여달라고 하나님께 겸손하게 구함으로 시작하십시오. 그러한 삶은 존재하는 현실이며 우리에게 임할 수 있는 하나님의 생명으로부터 오는 영적인 것으로 하나님께서 주시는 것입니다. 그것은 새 언약과 새 언약의 보증이신 예수 그리스도 안에서 우리에게 보장되어 있습니다. 간절하고 분명하게 믿음으로 그러한 삶을 계시해 달라고 하나님께 구하십시오. 아버지 하나님께서 우리에게 기대하시는 모습과 그것을 위해 예비하신 것을 충분히 알기까지 쉬지 마십시오.

새 언약을 왜 우리에게 주셨는가와 새 언약이 약속하는 바가 무엇이며, 그 약속들이 얼마나 신령하고 확실한가를 깨닫게 되면, **새 언약으로 들어가기 위해 주저하지 말고 자신을 하나님께 드리십시오**. 온 마음으로 하나님을 사랑하고 힘을 다하여 하나님께 순종하십시오. 뒤로 물러서거나 두려워하지 마십시오. 하나님께서 **전심으로** 우리에게 복주신다고 맹세하셨습니다. 주저하지 말고 **우리가** 하나님께 마음을 돌려 마음을 다하여 하나님을 **사랑하게 하신다고 약속하시는** 새 언약 안으로 지금 마음을 다하여 들어간다고 이야기하십시오. 두려움이 생기면 다시 한 번 하나님께 새 언약의 삶에 대한 비전을 보여달라고 구하고, 그것을 믿으십시오. 하나님은 **전심으로** 우리에게 복주시겠다고 맹세하시며 우리가

마음을 다하여 하나님을 사랑하고 하나님께 순종할 수 있게 하십시다. 그러한 삶에 대한 비전은 "하나님과 내 안에 있는 마음을 다하는 사랑의 언약 안으로 내가 온 마음을 다하여 이제 정말로 들어갑니다. 내가 그 언약 안에서 살겠나이다" 하고 담대히 말하게 할 것입니다.

다음과 같은 생각으로 마칩시다. 일면으로, 구속의 하나님으로 마음과 정성을 다하여 우리에게 복주시고 우리 안에서 그 기뻐하시는 뜻대로 모든 일을 이루시기를 기뻐하시는 하나님을 생각합시다. 그러한 하나님은 언약의 하나님이십니다. 하나님께 주목하십시오. 하나님을 믿으십시오. 하나님을 경배하십시오. 불꽃이 타오르기 시작해서 우리 마음이 전력으로 이런 하나님을 사랑하게 될 때까지 하나님을 바라십시오. 다른 한 면으로는 생각할 것은 구속받은 영혼으로, 마음과 성품을 다하여 이 하나님을 사랑하기를 즐거워하며, 마음을 다하는 사랑의 언약에 들어가 "온 마음을 다하여 주를 정말 사랑하오니 내 기쁨이 넘치나이다" 하고 하나님께 담대하게 말하는 영혼입니다.

사랑하는 독자 여러분 그리스도를 통해 이 하나님의 사랑과 마음의 성전에 들어가게 되기까지는 쉬지 마십시오.

19 제2의 복

 신자들이 살아가다 보면 때때로 회심할 때와 마찬가지로 아주 분명한 위기들을 맞습니다. 그러한 위기들을 경험하면서 신자들은 지속적인 약함과 실패로부터 벗어나 힘과 승리와 평안이 계속되는 삶으로 나아갑니다. 이런 변화를 "제2의 복"이라고 했습니다. 이 말은 성경에 나와 있지 않다거나, 몇몇 사람들이 경험했을 뿐인 것을 보편적인 원칙으로 삼으려고 한다고 해서 많은 사람들이 그러한 표현을 반대해 왔습니다. 그런가 하면 일상적인 그리스도인의 삶에서 벗어나 하나님과 지속적으로 교제하고 하나님의 일에 전적으로 헌신하는 삶을 살 수 있다는 것을 신자들에게 가르쳐주기 위해 그러한 표현을 쓰는 사람들도 있었습니다. 나는 그 말을 잘 바로 이해하면 성경적인 진리를 나타내는 말이며, 신자들이 하나님께 기대할 수 있는 것이 무엇인지를 이해하는 데 도움이 될 수 있으리라고 믿습니다.

나는 "제 2의 복"이라는 말을 두 가지 언약과 관련지었습니다. 하나님께서 어째서 하나도, 셋도 아닌 두 가지 언약을 만드셨습니까? 하나님과 우리 양쪽을 생각하셨기 때문입니다. 첫번째 언약에서 사람은, 자신이 할 수 있는 일과 자신이 어떠한 존재인가를 알아보아야 했습니다. 두번째 언약에서는 하나님께서 하실 일을 보이셨습니다. 첫번째 언약은 마땅히 필요한 준비기간이었고, 두번째 언약은 하나님께서 이루시는 때였습니다. 이러한 과정은 개인에게도 똑같이 필요합니다. 회심할 때에 죄인은 하나님의 자녀가 되지만 무지하고 연약하여, 하나님께서 요구하시는 전심으로 헌신한다거나 하나님께서 그를 완전히 소유할 준비가 되어 있으시다는 것에 대해 거의 알지 못합니다. 더러의 경우에는 그와 같은 초보적 단계에서 점차 성장하고 깨우쳐 나가는 변화의 과정을 겪습니다. 그렇지만 경험으로 보아 아주 많은 경우에서처럼 건전하게 성장하는 것을 찾아볼 수가 없습니다. 죄를 이기고 하나님 안에서 완전한 쉼을 얻는 비결을 발견하지 못하고, 기울였던 모든 노력이 실패하였기 때문에 더 이상 그러한 비결을 찾는 것을 포기하였을 사람들이 한 번의 단호한 과정을 통해 완전히 새로운 삶을 시작할 수 있다는 것을 알게 되어 놀라운 도움을 받는 일이 자주 있었습니다.

그 과정을 행하기란 쉽습니다. 먼저 자신의 잘못된 점, 곧 현재의 삶 가운데 하나님께서 계시하신 뜻과 일치하지 않는 죄를 깨달아 고백해야 합니다. 그리고 성경에서 이야기하는, 그리스도 예수께서 우리 안에서 이루시고 유지시켜 주시겠다고 약속하시는 언약을 이해해야 합니다. 실패한 이유가 혼자만의 힘으로 이루려고 애썼기 때문이었음을 깨닫고, 우리 주께서 신령한 능력으로 실제로 내 안에서 역사하실 것을 믿을 때에, 용기를 갖고 과감하게 그리스도께 새롭게 자신을 굴복하게 됩니다. 자기를 위한 것이나 죄에 속한 모든 것을 고백하고 포기하면서 그리스도와 주의 일에 자신을 온전히 굴복시킬 때에, 하나님의 아들을 믿는 믿음으로 살게 하는 새로운 능력을 믿고 받아들이는 것입니다. 많은 경우에 그 변화란 회심 때와 마찬가지로 분명하며 인상적이고 놀라운 것입니다. 더 나은 표현이 없으므로 "제 2의 복"이라는 표현을 자연스럽게 쓰게 되었습니다.

그러한 변화가 대다수 그리스도인의 삶에서 얼마나 필요한 것인가와 또한 그러한 변화가 얼마나 말씀 안에 계시된 그리스도와 그리스도의 능력을 믿느냐에 따라 결정되느냐 하는 것을 깨닫기 시작하면 그것이 성경적인가 하는 의심은 모두 사라지게 될 것입니다. 일단 그러한 진리를 깨닫게 되면, 우리는 성경 전체에 나타난 역사나 가르침을 통해 그러한 진리들을 설명해 주고 확증해 주고 있는 실례들을 발견하고 놀라게 될 것입니다.

이스라엘이 두 번 물을 통과한 예를 들어봅시다. 이스라엘은 애굽을 빠져 나올 때와 가나안에 들어갈 때 물 가운데로 지나갔습니다. 광야 여행은 이스라엘의 불신앙과 불순종 때문에 하게 되었던 것으로 하나님께서 그들을 낮추시고 그들의 마음이 어떠하였는가를 증명하고 알리시기 위함이었습니다. 이러한 목적을 이루셨을 때, 하나님은 처음에 복주시어 홍해를 건너 애굽을 빠져나오게 하신 것과 같은 강력한 권능으로, 두번째 복을 주시어 요단 강을 건너 가나안 땅으로 이스라엘을 인도하셨습니다.

아니면 두 가지 언약과, 그리스도인이 경험하는 두 단계에 똑같이 나타나는 삶의 유형으로 성소와 지성소의 예를 들어봅시다. 성소에서는 하나님 앞에 아주 가까이 나아가 하나님과 교제할 수 있지만, 휘장이 항상 가로놓여 있습니다. 지성소에서는 찢긴 휘장을 지나 하나님 앞에 완전히 나아가 하나님의 직접적인 임재와 천상적인 삶의 능력을 충분히 경험합니다. 우리 눈이 열려 일반적인 그리스도인의 삶이 하나님의 목적하신 바에 참으로 크게 못 미치고 있다는 것과, 하나님께서 행하시려던 바를 새로 계시하시는 능력으로 뒤섞인 우리 삶을 얼마나 완전히 몰아낼 수 있는가를 깨닫게 되면 성경이 이야기하는 두 단계의 삶을 새로운 뜻으로 이해하게 됩니다.

혹은 신약의 가르침을 살펴봅시다. 로마서에서 바울은 율법에 매인 그리스도인의 삶과, 은혜 가운데 사는 그리스도인의 삶을 대조하고 종의 영과 양자의 영을 대조시키고 있습니다. 그러한 비교가 뜻하는 바는 오로지, 그리스도인은 율법에 매인 채 살아갈 수 있으며, 그들은 율법을 통해 율법에서 벗어나 은혜와 자유가 충만한 삶으로 나아가야 하며, 그러한 차이점을 처음으로 깨닫게 되면 성령을 통해 역사하실 은혜를 받아들이고 경험하기 위해서는 믿음에 순복해야만 한다는 것입니다.

바울은 고린도 교회 사람들에게 편지를 보내면서 어떤 사람들은 육체를 좇아 행하는 어린아이와 같은 자들이고 또 다른 사람들은 영적인 분별력과 성품을 가지고 있다고 말하였습니다. 또한 갈라디아 교회에 보내는 편지에서는 그리스도께서 성령으로 말미암아 율법에서 자유케 하시는 자유를 성령으로 시작하였다가 육체로 이루려고 하는 사람들과 대조하여 이야기합니다. 모두가 육적인 삶의 위험을 깨닫고 즉시 성령의 삶인 믿음의 삶에 이르도록 하라고 요청하는 것입니다. 그러한 삶만이 하나님의 뜻에 따르는 삶인 것입니다.

우리는 성경을 통해, 현재 교회의 상태가 어떠하다는 것을 깨달으며, 회심은 생명이 길로 인도하는 문일 뿐이며, 그 문 안에 들어서도 여전히 넘어지거나 옆길로 가거나 뒤돌아설 위험이 있으며, 그러한 일이 생기면 즉시 전심으로 마음을 돌이켜 그리스도께서 기꺼이 우리 안에서 이루시려고 하는 모든 일에 우리 자신을 굴복시켜야 한다는 것을 알게 됩니다. 많은 사람들이 사람의 능력만을 생각하기 때문에 회심은 점차적으로 일어나는 일이며 명확히 알 수 없는 일이어서 그것이 갑자기 결정적으로 일어난다는 것을 이해할 수 없다고 생각하는 것과 마찬가지로, 참된 성결의 삶에 대한 계시와 믿음으로 혼자 힘으로 애쓰다가 실패하는 삶으로부터 벗어나 참된 성결의 삶을 시작하는 것에 관한 계시가 얼마나 즉각적이고 영구적인 것인가 깨닫지 못하는 사람들이 많습니다. 그러한 사람들은 사람의 노력에 너무 의지하여, "제 2의 복"이 다름 아닌 그리스도께서 우리 안에서 기꺼이 이루시려고 하는 것을 새로 계시하는 것이며 모든 것을 그리스도께 굴복시키는 믿음에 순복하는 것임을 알지 못합니다.
　이 책을 읽고 "제 2의 복"이 바로 자신들에게 필요한 것임을 깨닫는 데 도움을 얻는 사람들이 있기를 바랍니다. 제 2의 복은 하나님께서 성령을 통해 사람들 안에 이루시려고 하는 것이며, 우리를 구원하시는 모든 능력을 통해 그리스도를 우리 생명이요 힘으로 받아들이는 것일 뿐입니다. 제 2의 복은 우리를 인도하여, 하나님께서 모든 일을 이루시는 새 언약 안에서 충만한 삶을 누리도록 준비시킬 것입니다.
　"제 2의 복"에 관한 나의 생각을 윌리암 로(William Law)의 「자아가 죽을 때, 황금 대화」(A Golden Dialogue)라는 책의 서문을 인용함으로 결론지으려고 합니다. "'더욱 고귀한 삶, 제 2의 복'이라는 말을 사용하는 것에 대해 많은 반론이 있어왔습니다. 로의 글에서는 그러한 용어는 찾아볼 수 없지만 그의 책은 불완전한 것 같은 표현으로 된 깊은 진리로 가득차 있습니다. 그의 글에서는 이른 바 케직파(Keswick)의 가르침이라는 데서 많이 강조하고 있는 점을 두드러지게 강조하여 주장합니다. 신자들의 일반적인 삶이 낮은 상태에 있다는 것, 모든 실패는 자기 과신에서 온다는 것, 하나님의 역사하심에 자신을 전적으로 굴복시켜야 한다는 것, 자아의 지배로부터 완전히 벗어나게 하시는 분으로 그리스도께 돌이켜야 한다는 것, 자아에 대해 실망하고 그리스도께 그것을 맡기는 사람 모두를 위해 더 나은 삶이 마련되어 있다는 신령한 확신, 사랑의 영께서 채우시는 삶의 천상적인 기쁨과 같은 모든 진리들은 로와 케직파의 가르침에서 공통적으로 주장하는 진리들입니다. 특별한 가치를 지닌 진리에 관하여 펼치는 그의 주장은, 순전한 믿음으로 하나님의 강한 역사를 인정하면서 얼마나 겸손해지고 자기 자신에 대해 철저하게 실망하여야 확실히 자아에서 해방되고 사랑의 영이 마음에 태어날 수 있는가를 가르쳐주기 위한 것입니다."

20 조지 뮬러와 제2의 복

 브리스톨(Bristol)에 살던 조지 뮬러에게는 획기적인 사건이 일어났습니다. 그때는 뮬러가 회심한 지 4년이 지났던 해로, 뮬러는 항상 그때를 참된 그리스도인의 삶을 살기 시작한 때로 회상하였습니다. 뮬러가 "제 2의 회심"이라고 보았던 것을 "제 2의 복"과 비교해 보려고 합니다.
 뮬러는 90회 생일을 맞은 후에 목회자들과 기독교 사역자들에게 한 연설에서 그것에 관해 다음과 같이 말하고 있습니다. "그것은 하나님께 온전히 굴복하는 새로운 마음을 갖도록 하였습니다. 나는 1825년 11월에 회심을 하였으나 4년이 흐른 1829년 7월에 이르러서야 하나님께 온전히 굴복하는 마음을 갖게 되었습니다. 돈에 대한 사랑도, 신분이나 위치에 대한 사랑도, 세속적인 쾌락과 직업에 관한 사랑도 모두 내게서 사라졌습니다. 오로지 하나님 한 분만이 나의 분깃이 되셨습니다. 나는 하나님 안에서 모든 것을 발견하였기 때문에 그밖의 아무것도 바라지 않았습니다. 하나님의 은혜로 그러한 상태가 유지되었으며, 그러한 상태는 내가 지극히 행복한 사람이 되게 하였으며 하나님에 관한 것들만을 생각하도록 나를 이끌었습니다. 사랑하는 형제들에게 묻겠습니다. 하나님께 온전히 굴복하는 마음을 경험해 보셨습니까? 혹은 하나님과 관계 없는 이러 저러한 것들에 관심을 쏟고 계십니까? 전에도 성경을 조금 읽기는 하였지만 다른 책들을 읽기를 더 좋아했습니다. 그렇지만 그때 이후로는 하나님께서 자신을 계시하신 것이 내게 말할 수 없이 복된 것이 되었으며, 하나님은 너무나도 아름다우신 분이시다 하고 진심으로 말할 수 있습니다. 오! 하나님은 너무나도 아름다우신 분이시다 하고 영혼 깊은 곳에서부터 말할 수 있게 되기까지는 만족하지 마십시오!"

자신이 겪은 변화에 대해 일기에서 뮬러는 다음과 같이 쓰고 있습니다. 뮬러는 테인마우스(Teignmouth)에서 들었던 한 설교자에 관해 이야기하고 있는데, 그곳에 뮬러는 요양차 갔던 것이었습니다. "그 설교자가 하는 말이 모두 마음에 들지는 않았지만 나는 그에게서 다른 사람과 다른 진지함과 엄숙함을 보았다. 그 사람을 통해 주님은 내게 놀라운 복을 주셨고 그 때문에 나는 영원히 주께 감사할 까닭을 얻게 되었다. 하나님은 그때 내게 하나님의 말씀만이 영적인 것들을 판단하는 기준이 되어야 하며, 하나님의 말씀은 성령만이 설명하실 수 있으시며, 전 시대와 마찬가지로 우리가 사는 시대에도 성령은 하나님의 백성을 가르치시는 분임을 알리기 시작하셨다. **성령께서 그러한 일을 하신다는 것을**

이전에는 **경험으로 알지 못하였다.** 성령만이 우리가 본질적으로 어떠한 상태에 놓여 있는가 가르치시며, 우리에게 구원주가 필요하다는 것을 알게 하시며, 성경 말씀을 밝혀주시며, 말씀을 전할 때에 도우실 수 있는 분이라는 것과 같은 사실에 대해 전에는 깨닫지 못하였다."

"이러한 점을 깨닫기 시작하였는데 특별히 그러한 사실은 내게 굉장한 영향을 끼쳤다. 주께서 주석이나 다른 온갖 책들을 치우고, 그저 하나님의 말씀만을 읽고 연구하여 그 사실을 시험해 보게 하셨기 때문이다. 그래서 첫날 밤에는 내 방에 틀어박혀 기도와 성경 묵상에 몰두하였고, 그러던 몇 시간 만에 앞서 여러 달 동안 알았던 것보다 더 많은 것을 깨닫게 되었다. 그렇지만 내가 그렇게 하도록 내 영혼에 실제적인 능력을 받았다는 것이 특별히 다른 점이다."

"게다가 그러한 일로 하나님은 기뻐하시며 내가 이전에 깨달았던 것보다 더 **강도 깊은 헌신의 기준**에 관해 깨닫게 하셨다. 하나님은 비록 멸시받고, 그리스도와 함께 가난하고 낮아진다고 하더라도 이 세상에서 내가 좇아야 할 영광이 무엇인가를 어느 정도 깨닫게 하셨으며…나는 훨씬 건강해져서 런던으로 돌아왔다. 내 영혼에 있어서도 **그 변화란 너무도 큰 것이어서 그것은 마치 두번째 회심과도 같았다**".

일기의 다른 부분에서 뮬러는 이렇게 말하고 있습니다. "많은 젊은 그리스도인들이 그러하듯 나도 성경보다 다른 경건서적을 더 열심히 읽는 올무에 빠졌다. 성경적으로 설명해 보면 다음과 같을 것이다. 하나님은 자신을 낮추시어 성경의 저자가 되셨고 나는 성령께서 쓰게 하신 귀한 성경책에 대해 무지하다. 따라서 세상에서 가장 중요한 책인 이 책을 나는 가장 간절한 마음과 기도하는 마음으로 다시 읽고 많이 묵상해야 한다. 그처럼 행하여 나 자신이 말씀에 무지하다는 것을 깨닫게 되어 말씀을 더욱 더 깊이 연구하기보다는 말씀을 이해하기 어렵다는 구실로 말씀 읽기를 소홀히 하고 다른 많은 그리스도인들과 마찬가지로 그리스도인이 된 처음 4년 동안은 실제로 영적인 인도하심 없이 행하는 사람의 일을 살아계신 하나님의 계시보다 더 중요하게 여겼다. 그랬기 때문에 나는 아는 지식이나 은혜 면에서 어린아이로 머물러 있을 수밖에 없었다. 지식에 관해 말하건대, 모든 참된 지식은 성령께서 말씀으로부터 이끌어내시는 지식이 되어야 한다. 성령께서 말씀을 통해 알려주시는 지식이 부족하였기 때문에 참으로 안타깝게도 나는 하나님의 길을 지속적으로 걷지 못하였다. 성령께서 알려주시는 것은 육신의 정욕과 안목의 정욕과 이생의 자랑의 종 되었던 우리를 건지시어 자유케 하는 진리이기 때문이다. 이러한 사실은 말씀이 증거하며 우리 선조들의 경험이 입증하고 있으며 또한 내 경험이 가장 결정적으로 그것을 입증해 준다. 1829년 8월 주께서 나를 정말로 성경으로 이끌기 기뻐하셨을 때 내 삶과 행동은 전혀 다른 것이 되었기 때문이다."

뮬러의 90회 생일에 있었던 연설에서 한 구절만 더 살펴봅시다. "66년 10개월 동안 그는 행복한 사람이었습니다. 뮬러는 자신이 행복한 사람이었다고 생각하는 이유로 두 가지를 이야기했습니다. 그는 자신이 선한 양심을 계속 유지하여 하나님의 뜻과 반대된다고 생각하는 길로 일부러 가려고 하지 않았다고 하였습니다. 물론 이 말이 뮬러가 완전하다는 것을 뜻하는 것은 아니었습니다. 두번째 이유로 그는 자신이 성경을 사랑하였다는 것을 말했습니다. 만년에 뮬러는 성경을 해마다 4번씩 통독하였으며 말씀을 묵상하며 적용하였으며, 그 당시 그는 66년 전보다 하나님의 말씀을 더욱 사랑하는 사람이 되어 있었습니다. 이처럼 생애 후반기에서 뮬러가 성령 안에서 평안과 기쁨을 누릴 수 있었던 것은 하나님의 말씀을 사랑하고 선한 양심을 유지하였기 때문이었습니다."

새 언약이 성령의 직분임을 이야기하였던 것과 관련해서 이 이야기는 아주 많은 것을 가르쳐줍니다. 이 이야기는 조지 뮬러의 능력이 하나님께서 성령의 역사하심을 통해 그에게 계시해 주시는 것에 달려 있음을 알려줍니다. 뮬러는 그러한 변화가 일어나기까지는 "성령께서 하시는 일을 경험으로 알지 못하였다"고 쓰고 있습니다. 조지 뮬러의 기도의 능력에 대해 많이들 이야기합니다. 조지 뮬러에게 기도의 능력이 있었던 것은 뮬러가 하나님의 말씀을 전적으로 사랑하고 믿었기 때문임을 기억하는 것이 중요합니다. 그렇지만 하나님의 말씀을 온전히 믿는 그러한 능력도 전적으로 성령을 가르쳐주시는 분으로 깨닫게 되었기 때문에 생겨난 것이라는 사실이 더욱 더 중요합니다. 하나님의 말씀이 우리 안에 계신 성령을 통해 이해되고 살아날 때, 그 말씀은 그렇지 않았으면 깨어나지 않았을 우리 믿음을 일깨우는 능력을 지닙니다. 그렇게 되면 말씀은 우리를 하나님과 교제하게 하며, 그 말씀은 하나님께로부터 직접 오는 말씀이 되어 우리의 전 삶을 하나님께 연결시킵니다.

  이렇게 성령께서 우리를 하나님의 말씀으로 먹이실 때에 우리의 전 삶은 하나님의 능력 안에 놓이며, 그 열매가 기도의 능력으로 뿐만 아니라 순종의 능력으로도 풍성하게 나타납니다. 뮬러가 이러한 사실을 우리에게 어떻게 말해 주는가 주목하십시오. 그가 큰 행복을 느낀 두 가지 비결은 **하나님의 말씀을 대단히 사랑했으며, 선한 양심을 계속해서 유지해** 하나님의 뜻에 어긋나는 일은 어떠한 일이든 고의적으로 행하지 않았다는 것입니다. 뮬러는 성령의 가르침에 자신을 맡기고 온 마음을 하나님께 전적으로 굴복시켜 말씀의 지배를 받았습니다. 그는 무슨 일에서든 자신을 굴복시켜 하나님의 말씀에 순종하였습니다. 뮬러는 성령께서 순종하는 은혜를 주시는 것을 믿었기 때문에 하나님의 법을 고의적으로 어기지 않는 삶을 유지할 수 있었습니다. 이러한 사실은 뮬러가 항상 주장하는 것입니다. 그래서 뮬러는 하나님을 의지하는 삶에 관해 "나는 가능하지도 않겠지만 **죄 가운데 살면서** 동시에 하나님과 교제하며 현재의 삶에서 필요로 한 모든 것을 하늘로부터 끌어내리려고 하지 않겠다"고 쓰고 있습니다. 그리고는 다시 믿음을 굳건케 하는 것에 관해 이야기하면서 "**곧은 마음과 선한 양심**을 유지하려고 애쓰며 그로 인해 고의적으로나 습관적으로 하나님의 뜻과 반대되는 일들에 몰두하지 않는 것이 가장 중요하다. 내가 만일 죄책감을 가지고 이러한 죄된 양심을 치워버리려고 하지 않으며 계속해서 하나님의 뜻과 반대되는 일만 하려고 한다면, 시련을 당할 때에 하나님께 대한 신뢰와 하나님을 의지하는 마음은 모두 사라져 버릴 것이다" 하고 말하였습니다.
 이러한 고백을 자세히 살펴보면 "제 2의 복"과 관련하여 주장하였던 중요한 점들이 모두 나타날 것입니다. 거기에는 성령의 가르침과 인도하심을 받는 온전히 굴복하는 마음이 나타납니다. 거기에는 즉시 세워지는 성결에 관한 더욱 높은 표준이 나타납니다. 또 거기에는 어떤 것에서든 하나님의 법을 어기지 않고 오로지 늘 선한 양심을 유지하려고 하는 따듯한 갈망이 나타나며, 그 갈망은 우리가 하나님을 기쁘시게 해드리고 있음을 증명하는 것입니다. 또한 성령께서 말씀을 통해 하나님의 뜻을 계시하실 때에 하나님은 그 일을 행할 충분한 힘을 주신다는 것을 믿는 믿음이 나타납니다. 뮬러가 믿음으로 성령께서 가르치시는 것을 읽는다고 말할 때 이야기하는 "특별히 다른 점"은 "내가 그렇게 하도록 내 영혼에 실제적인 힘을 받았다는 것"입니다. 그 변화란 너무도 큰 것이어서 그것은 마치 두번째 회심과도 같았다고 뮬러가 이야기했다고 해서 하나도 이상할 것이 없습니다.
 이제껏 이야기한 것의 요지는 새 언약과 새 언약의 약속들이 성령의 직분임을 우리가 믿는다는 것입니다. 그러한 믿음이 조지 뮬러에게서 처럼 갑자기 생겨나는 사람도 있을 수 있으며, 마음속에서 조금씩 나타나기 시작하는 사람도 있을 수 있습니다. 우리 모두 하나님께 말씀으로 가르치시고 은혜로 힘주시면서 우리 안에 머물러 계신 성령의 지배에 온 마음과 삶 전체를 맡길 준비가 되어 있노라고 말합시다. 하나님은 우리가 하나님을 기쁘시게 해드리며 살도록 하시는 분입니다.

21 캐논 배터스비와 제2의 복

"제 2의 복"으로 이끄는 일에서 언약의 중보자이신 그리스도께서 하시는 역할을 설명하기 위해 케직파 집회(Keswick Convention)의 창시자인 캐논 배터스비(Canon Battersby)의 경우보다 더 나은 사례를 발견할 수는 없다고 생각합니다.

배터스비는 1873년 옥스포드 집회에서 "이전에는 알지 못하였던 새롭고도 분명한 복을 받았다"고 고백했습니다. 25년이 넘는 세월 동안 배터스비는 가장 부지런한 복음 전파자였으며, 그의 일기에 나타나듯 하나님과 늘 가까이 동행하기를 신실하게 구했던 사람이었습니다. 그렇지만 그는 계속해서 자신이 죄를 이기지 못한다는 생각에 시달렸습니다. 1853년까지 거슬러 올라가 보면 그는 이렇게 쓰고 있습니다. "나는 나 자신이 얼마나 그리스도께서 약속하시는 평안과 사랑, 기쁨을 습관적으로 누리지 못하는가를 다시금 깨닫는다. 내겐 그러한 느낌이 없다는 사실과, 때때로 아주 점잖치 못하고 그리스도인 답지 않은 기질이 내 안에서 주인이 되려고 애쓰고 있음을 고백해야 한다." 1873년에 "제 2의 복"에 관하여 출간된 글을 읽고난 배터스비는 자기 자신의 상태에 대해 아주 못마땅하게 생각하게 되었습니다. 그 글에서는 실제로 배터스비가 전혀 이해할 수 없는 어려운 내용을 가르치고 있었습니다. 그렇지만 배터스비는 자신이 더 나은 상태, 즉 **모든** 죄악에서 벗어나는 상태로 나아가야 한다고 생각했습니다. 그렇지 않으면 자신은 세속과 죄 가운데로 점점 더 빠져들게 될 것이라고 느꼈습니다.

옥스포드에서 그는 믿음의 안식에 관한 강연을 들었습니다. 그 강연을 들은 배터스비는 진정으로 죄에서 구원받기를 갈망하는 신자는 그리스도의 말씀대로 그리스도를 받아들이고 감정과 상관 없이 그리스도를 영혼을 깨끗하게 하고 지키시는 분으로 믿어야 한다는 진리에 눈을 뜨게 되었습니다. "나는 예수님 한 분이면 충분하다는 생각을 하고 예수님 안에서 **안식을 누리겠다**고 말했으며 실제로 그러한 안식을 얻었다. 나는 그러한 안식이 스쳐 지나가버리는 감정으로 끝나지 않을까 두려웠지만, 예수님의 임재가 전에 모르던 방법으로 은혜롭게 내게 나타났으며, **내가 정말로 그 분 안에 머물러 있다**는 것을 발견하였다. 나는 그러한 감정에 머물러 있기를 바라는 것이 아니라 오로지 그리스도를 나의 모든 것으로 믿고 의지하기를 바랄 뿐이다." 배터스비는 아주 수줍음을 타는 사람이었지만 옥스포드 집회가 거의 끝나갈 무렵에 자신이 과거에 부족했던 점을 공적으로 고백하고 새

롭고 분명한 경험을 하게 되었다는 것을 사람들 앞에서 고백해야 한다고 느꼈기 때문에 이러한 말을 하였습니다.
 이러한 일이 있은 뒤 얼마 지나지 않아 쓴 글에서 그는 그와 같은 새로운 경험에 이르는 단계들을 다음과 같이 지적하였습니다. 먼저 그리스도인이 말이나 행동에서 늘 성령의 지배를 받고 끊임없이 하나님과 교제하는 삶과 그리스도 안에 머뭄으로써 계속해서 죄를 이겨나갈 수 있다는 것을 분명히 깨닫는 것입니다. 다음으로 육신과 영에 속하는 모든 우상을 제거해 버리고 그리스도께 순종하려는 뜻을 기꺼이 품으려는 의지가 있어야 합니다. 끝으로 가장 중요한 단계로 **부활하신 주께서 우리가 필요로 하는 모든 것을 우리가 할 수 있도록 하시기를 기대하며 기다리는 것입니다.**
 아주 간략한 이 주장을 주의깊게 살펴보면 어떻게 모든 것이 그리스도로 집중되고 있는가 발견하게 될 것입니다. 지속적인 영적 교제와 승리하는 삶을 살기 위해 그리스도께 헌신해야 합니다. 그러한 삶을 사는 능력은 그리스도 안에 있으며 그리스도로부터 오는 것이며 그리스도를 믿는 믿음으로 말미암는 것입니다. 그리스도 안에서 온전히 굴복하고 쉼을 얻는 **능력은 오직 그리스도께만 기대할 수 있는 것입니다.**
 1875년에 케직파 집회가 처음으로 열렸습니다. 그 집회에 관하여 신문에는 다음과 같은 기사가 실렸습니다. "많은 사람들이 곳곳에서 육체적 욕망을 억제하거나 자신을 바쳐 더욱 효과적으로 하나님을 섬기려고 하면서 매일의 삶 속에서 신령한 임재를 더욱 맛보게 되기를 갈망하고 있습니다. 자녀들이 그러한 갈망에 대해 만족함을 얻어야 한다는 것은 틀림없는 하나님의 뜻이며 또한 하나님께서 자신들의 갈망을 채우셨으며 날마다 그 은혜와 능력을 나타내심으로 자신들을 채우심을 입증할 수 있는 사람들이 있습니다." 첫 집회는 아주 복된 집회였습니다. 그래서 집회가 끝난 뒤에 배터스비는 이렇게 썼습니다. "내가 얻은 복, 다시 말해 주께 온전히 굴복하도록 **주신 능력**과 이전에 경험한 어떤 것보다 크고 놀라운 지속적인 평안에 대한 필연적인 경험의 성격에 비추어 볼 때 그 이후로 받은 증거들에는 아주 뚜렷한 유사성이 있다." 무엇보다도 중요한 사상은 그리스도로, 그 분은 먼저 영혼을 이끄시어 자기 안에서 평안을 누리도록 하신 뒤에 그 영혼의 소원을 이루시어 죄를 이기게 하고 하나님과 교제하도록 하는 그리스도의 능력을 지속적으로 경험하게 하심으로써 영혼을 만족시키신다는 것이었습니다.

그렇다면 이러한 새로운 경험을 한 결과는 무엇이었습니까? 캐논 배터스비는 8년 뒤에 이렇게 말했습니다. "내가 이러한 복을 내 것으로 받은 지 이제 8년이 되었다. 한 순간이라도 주께서 나를 지키신다고 믿지 않은 적이 없었다고 말할 수는 없다. 그렇지만 내가 말할 수 있는 것은 내가 주를 의지하는 한 주께서 나를 지키셨다는 것이며, 주님은 참으로 신실하신 분이셨다는 것이다."

22 아무것도 스스로 할 수 없나니

 모든 것은 하나님께서 직접 행하셔야 한다는 새 언약의 뜻보다 더 명백한 것은 있을 수 없다고 생각하는 사람도 있을 것입니다. 그렇지만 신자들은 물론이고 가르치는 사람들 가운데서도 새 언약의 뜻을 이해하지 못하는 사람들이 있습니다. 그 뜻을 이해하는 사람조차도 그 뜻대로 살기가 어렵다고 느낍니다. 그것은 마치 우리의 전 존재가 하나님의 참되신 역사에 무지한 것과도 같습니다. 새 언약의 뜻이 우리의 생각을 뛰어넘는 것이어서 우리가 가진 짧은 생각으로는 하나님께서 실제로 무한하신 사랑으로 약속하신 언약의 삶을 살게 하시고, 우리 안에 거하시기를 기뻐하시며, 우리 속에서 이루셔야 할 모든 일을 이루시기를 기뻐하신다는 사실을 깨닫지 못합니다. 우리가 그러한 진리를 받아들였다고 생각했을 때 그것은 단지 생각에 그치는 것임을 발견합니다. 우리는 하나님의 참된 지식과 우리가 살아갈 바에 관한 하나님의 계획에 대해 그처럼 무지합니다.

얼마 전에 요한복음과 거기 나와 있는 주님의 생애를 연구할 기회가 있었습니다. 나는 세상을 사신 예수님의 가장 큰 비결은 **아버지 하나님을 의지하였다**는 것이라고 할 수밖에 없다는 사실에 대해 얼마나 깊은 감동을 받았는지 모릅니다. 그러한 사실은 마치 내겐 새로운 계시와도 같았습니다. 그리스도께서는 열두 번 남짓 "아니다" 혹은 "아무것도 할 수 없다"는 표현을 사용하십니다. "나의 원대로 하려 하지 않고", "내 말이 아니라", "내 영광을 구치 아니하나", "아무것도 스스로 할 수 없나니", "내가 너희에게 이른 말이 스스로 하는 것이 아니다", "내가 자의로 말한 것이 아니요", "내가 스스로 온 것이 아니로라", "내가 스스로 아무것도 하지 아니하고"와 같은 표현들입니다.

이 말이 주께서 아버지 하나님 안에 계신 자신의 생명에 관해 말씀하시는 것과 연관지을 때 어떠한 뜻을 지니는지 잠깐 생각해 보십시오. "아버지께서 자기 속에 생명이 있음같이 아들에게도 생명을 주어 그 속에 있게 하셨고"(요 5 : 26). "이는 모든 사람으로 아버지를 공경하는 것같이 아들을 공경하게 하려 하심이라"(요 5 : 23). 그러나 아버지 하나님께서 생명을 가지신 것같이 자기 안에 생명을 가지신 아들 예수님은 "내가 **아무것도** 스스로 할 수 **없노라**"(요 5 : 30) 하는 말씀을 바로 이어서 하고 계십니다. 우리는 주님이 자기 안에 있는 생명으로 아버지 하나님처럼 독립적으로 행할 수 있는 능력을 갖고 계실 것이라고 생각할 것입니다. 그러나 그렇지 않습니다. "아들이 아버지의 하시는 일을 보지 않고는 아무것도 스스로 할 수 없나니"(요 5 : 19). 그리스도의 삶에 나타나는 가장 중요한 특징은 아버지 하나님께 끊임없이 의지하며, 아버지 하나님께로부터 받은 것을 가지고 말씀하고 행하셨다는 것이 분명하다는 점입니다.

스스로 아무것도 할 수 없다는 것은 가장 약한 사람들에게 늘 해당될 수 있는 말인 것처럼 그리스도께도 분명히 적용됩니다. 우리의 허물을 지신 그리스도의 삶은 아버지 하나님을 가장 온전히 의지한 삶이었습니다. 그러한 관점에서 이러한 진리와 그리스도의 삶을 더욱 자세히 살펴보면 볼수록 우리는 그리스도께서 아버지 하나님과 맺은 관계의 가장 깊은 근원이며, 그리스도께서 왜 그토록 하나님을 기쁘시게 해 드렸는가에 대한 참된 이유이며, 아버지 하나님을 영화롭게 한 비결은 바로 **하나님께서 자기 안에서 모든 것을 행하시도록 하셨기** 때문이라고 말할 수밖에 없게 됩니다. 주님은 오로지 하나님께서 자기 안에 행하시는 것만을 받아서 행하셨습니다. 주님은 오로지 귀를 열고 종의 마음으로 하나님께 모든 것을 바라며 어린아이같이 의지하기만 하셨습니다.

그리스도인의 삶에서 이러한 진리가 말할 수 없이 중요하다는 것은 쉽게 느껴집니다. 그리스도는 아버지 하나님 안에서 누리셨던 생명을 우리에게 나누어 주십니다. 그리스도께서 아버지 하나님 안에 계셨고 아버지 하나님께서 그리스도 안에 계신 것과 **마찬가지로** 우리는 그리스도 안에 있어야 하며 그리스도께서는 우리 안에 계셔야 합니다. 그리스도께서 아버지 하나님 안에 거하신 비결이 "내가 아무것도 스스로 할 수 없노라" 하는 끊임없는 자기 부인이었다고 하면,

하나님을 절대적으로 의지하며 섬기는 자세는 분명히 그리스도인의 삶에 나타나는 가장 뚜렷한 특징이며 우리가 계속적으로 가장 우선적으로 추구해야 할 자세임에 틀림없습니다. 여기서 우리는 우리 영혼 가운데 하나님의 사랑이 탄생하고, 겸손하고 온유하고 인내하며 하나님께 복종함으로 낮아지기 위해서는 자아에 대해 죽어야만 합니다. 우리가 기억해야 할 것은 이러한 온전한 자기 포기가 그리스도의 품성에 속하는 많은 덕목들 가운데 하나로 그치는 것이 아니라 실제로 그러한 자기포기가 없이는 하나님께서 그리스도 안에서 아무것도 하실 수 없는 가장 중요하고도 본질적인 덕목이라는 것입니다. 하나님은 자기 부정을 통해서 정말로 모든 것을 이루셨습니다.

"내가 아무것도 스스로 할 수 없노라" 하신 그리스도의 말씀을 우리 것으로 받아들입시다. 그것을 하루를 살아나가는 비결로 삼읍시다. 고개를 들고 우리가 하나님께 모든 것을 맡기고 하나님으로부터 모든 것을 받을 준비가 되어 있기만 하면 언제라도 모든 것을 쏟아주시려고 기다리고 계신 영원하신 하나님을 바라보십시오. 겸손히 엎드려 경배하며 성령께서 그리스도의 마음을 우리 안에 이루시기를 기다리십시오. 당장 그러한 가르침을 깨닫지 못할까 걱정하지 마십시오. 스스로 아무것도 할 수 없음을 기꺼이 인정하는 사람 안에서 모든 것을 행하시려고 기다리는 사랑의 하나님이 계시기 때문입니다. 그러한 가르침이 아주 위험한 것처럼 보일 때도 있으며 굉장히 어려운 것처럼 느껴지는 때도 있습니다. 복되신 하나님의 아들 그리스도께서 우리에게 가르쳐주십니다. "내가 아무것도 스스로 할 수 없다"고 하는 것이 주님의 삶 전체였습니다. 주님은 우리의 생명이시며 주님은 우리 안에서 자신의 생명을 이루실 것입니다. 하나님의 어린양이신 그리스도께서 우리 안에 자신의 성품을 빚어주실 때 우리는 주께서 자신의 영광을 우리 안에 비추시도록 준비를 갖추게 될 것입니다.

"내가 아무것도 스스로 할 수 없노라" 하는 말은, 천구백여년 전에 하나님의 아들이신 그리스도의 마음속 깊은 곳에서 우러나온 말씀으로 영원한 생명의 능력이 감추어져 있는 씨앗입니다. 그 말씀을 그리스도의 마음으로부터 바로 받아 마음속에 간직하십시오. 그리스도의 거룩한 온유함과 겸손함의 가치를 알고, 하나님께서 그리스도 안에서 어떻게 모든 영광과 능력을 이루실 수 있었는가 깨닫게 되기까지 그 말씀을 묵상하십시오. 그 말씀이 바로 우리가 필요로 하는 삶과 성품을 담고 있는 말씀임을 믿으십시오. 그리스도의 성령이 그 씨앗 안에 거하시어 그것이 우리 안에 이루어지게 하실 것을 믿으십시오. 자신을 비우는 한결같은 행동을 하면서 그 말을 마음의 소원으로 하나님께 아뢰기 시작하십시오. 하나님께서 그 은혜로 우리 소원을 받아주시고 충족시켜 주시어 자신을 배우는 행동이 습관으로 되고 습관이 성품이 되게 하시리라고 기대하십시오. 그러면 그 말씀을 의지할 수가 있습니다. "내가 아무것도 스스로 할 수 없노라" 하는 간단한 말씀 속에 나타나는 자아에 대한 죽음만큼이나 우리를 하나님께 가까이 끌어올리고, 그리스도와 더욱 친밀하게 연합하게 하며, 우리 안에 하나님께서 임재하시고 능력으로 역사하실 준비를 하는 것은 없습니다.

　이 말씀은 새 언약의 삶을 살게 되는 비결 가운데 하나입니다. 하나님께서 정말로 내 안에서 모든 일을 이루신다는 사실을 믿게 되면 나를 방해하는 한 가지가 어떤 일을 나 스스로 하려는 것임을 깨닫게 될 것입니다. 성령으로 말미암아 그리스도로부터 배워 기꺼이 **내가 아무것도 스스로 할 수 없노라** 하고 말하게 될 때에 우리는 하나님께서 이루시겠다고 약속하신 모든 것을 받아들일 준비를 갖추게 될 것이며 그러한 사실을 확신하며 기대할 수 있는 능력을 갖게 될 것입니다. 또한 새 언약이 갖고 있는 한 가지 비결은 "하나님께서 모든 것을 하신다!"는 것뿐임을 깨닫게 될 것입니다. 새 언약의 보증은 확실합니다. "나 여호와가 말하였으니 이룰지라."

23 마음을 다하는 것

우리가 전심으로 하나님과 연합하게 될 수 있다는 것에 관해 아직도 의아하게 생각하는 독자들을 위해 마지막 장에서는 "마음을 다하여"와 "전심으로"라는 표현이 쓰인 중요한 성경 구절들을 제시해 놓았습니다. 그 말씀을 자세히 살펴보면 하나님께서 우리가 항상 전심으로 하나님을 사랑하고 섬기기를 얼마나 바라셨는가를 알 수 있습니다. 하나님은 사람의 본성을 통해 그보다 못한 것을 바라실 수 없었기 때문입니다. 기도하는 마음으로 하나님의 말씀을 받아들이면 마음을 다하여 사랑하고 섬기는 것이야말로 바로 새 언약이 이루려고 하는 복임을 확신하게 될 것입니다. 그러한 확신은 하나님께서 전능하신 능력으로 우리가 할 수 없는 것처럼 보이는 일들을 우리 안에서 이루시리라 기대하는 마음을 갖도록 우리 마음을 준비시켜 줄 것입니다.

먼저 신명기에 나오는 하나님의 말씀을 살펴봅시다.

4 : 29 : "그러나 네가 거기서 네 하나님 여호와를 구하게 되리니 만일 마음을 다하고 성품을 다하여 그를 구하면 만나리라."

6 : 4,5 : "이스라엘아 들으라 우리 하나님 여호와는 오직 하나인 여호와시니 너는 마음을 다하고 성품을 다하고 힘을 다하여 네 하나님 여호와를 사랑하라."

10 : 12 : "이스라엘아 네 하나님 여호와께서 네게 요구하시는 것이 무엇이냐 곧 네 하나님 여호와를 경외하여 그 모든 도를 행하고 그를 사랑하며 마음을 다하고 성품을 다하여 네 하나님 여호와를 섬기고."

11 : 13 : "내가 오늘날 너희에게 명하는 나의 명령을 너희가 만일 청종하고 너희의 하나님 여호와를 사랑하여 마음을 다하고 성품을 다하여 섬기면."

13 : 3 : "너는 그 선지자나 꿈꾸는 자의 말을 청종하지 말라 이는 너희 하나님 여호와께서 … 너희 하나님 여호와를 사랑하는 여부를 알려 하사 너희를 시험하심이니라."

26 : 16 : "오늘날 네 하나님 여호와께서 이 규례와 법도를 행하라고 네게 명하시나니 그런즉 너는 마음을 다하고 성품을 다하여 지켜 행하라."

30 : 2 : "너와 네 자손이 … 마음을 다하고 성품을 다하여 여호와의 말씀을 순종하면."

30 : 6 : "네 하나님 여호와께서 네 마음과 네 자손의 마음에 할례를 베푸사 너로 마음을 다하며 성품을 다하여 네 하나님 여호와를 사랑하게 하사 너로 생명을 얻게 하실 것이며"(9, 10절도 참조).

이 말씀들을 자기 백성과 우리 자신에게 하시는 하나님의 말씀으로 받아들이고, 그보다 못한 것을 하나님께 드릴 수 있는가 자신에게 물어보십시오. 마지막으로 인용한 구절을 마음에 할례를 주어 깨끗하게 하여 마음을 다하여 하나님을 사랑하고 순종할 수 있게 하시겠다는 새 언약의 신령한 약속으로 받아들이십시오. 그리고 새로 헌신하여 첫째되는 큰 명령을 지킬 수 있는지 없는지를 이야기해 보십시오.

여호수아서를 봅시다. "크게 삼가 … 너희 하나님 여호와를 사랑하고 그 모든 길로 행하며 그 계명을 지켜 그에게 친근히 하고 너희 마음을 다하며 성품을 다하여 그를 섬길지니라"(22 : 5).

사무엘상을 보십시오. "여호와를 좇는 데서 돌이키지 말고 오직 너희 마음을 다하여 여호와를 섬기라 오직 그를 경외하며 너희의 마음을 다하여 진실히 섬기라"(12 : 20, 24).

하나님께서 솔로몬에게 하신 약속을 다윗이 거듭 이야기하는 것을 들어봅시다. "만일 네 자손이 그 길을 삼가 마음을 다하고 성품을 다하여 진실히 내 앞에서 행하면"(왕상 2 : 4).

다윗에 관하여 하신 하나님의 말씀을 들어보십시오. "내 종 다윗이 나의 명령을 지켜 전심으로 나를 좇으며 나 보기에 정직한 일만 행하였음과 …"(왕상 14 : 8).

성전에서 하는 솔로몬의 기도를 들어보십시오. "온 마음과 온 뜻으로 주께 돌아와서 … 저희 기도와 간구를 들으시고 …" (왕상 8 : 48, 49).

예후에 관하여 하신 말씀을 보십시오. "여호와께서 예후에게 이르시되 네가 나 보기에 정직한 일을 행하되 잘 행하여 … 그러나 예후가 전심으로 이스라엘 하나님 여호와의 율법을 지켜 행하지 아니하며"(왕하 10 : 30, 31).

요시야에 관하여는 이런 말씀이 나옵니다. "왕이 대 위에 서서 여호와 앞에서 언약을 세우되 마음을 다하고 성품을 다하여 여호와를 순종하고 그 계명과 법도와 율례를 지켜 이 책에 기록된 이 언약의 말씀을 이루게 하리라 하매 백성이 다 그 언약을 좇기로 하니라 … 요시야와 같이 마음을 다하며 성품을 다하며 힘을 다하여 여호와를 향하여 모세의 모든 율법을 온전히 준행한 임금은 요시야 전에도 없었고 후에도 그와 같은 자가 없었더라"(왕하 23 : 3, 25).

역대하 15 : 12, 15에는 아사에 관한 말씀이 나옵니다. "마음을 다하고 성품을 다하여 열조의 하나님 여호와를 찾기로 언약하고."

여호사밧에 관해서는 사람들이 이렇게 말하였습니다. "저는 전심으로 여호와를 구하던 …"(대하 22 : 9).

또한 히스기야에 관해서는 이렇게 적혀 있습니다. "무릇 그 행하는 모든 일 곧 … 하나님을 구하고 일심으로 행하여 형통하였더라"(대하 31 : 21).

아, 그러한 사람들 모두가 하나님께서 성령을 통해 하나님 자신을 분명히 나타내시기를 구하였을 것입니다. 전심으로 하나님을 사랑하고 섬기는 가운데 요구하며, 드리고, 받아들이며, 축복하고 기뻐하였을 것입니다. 그들의 마음이 전심으로 하나님께 향하지 않았더라면 그들은 틀림없이 넘어지고, 전심으로 하나님을 사랑하고 섬기기를 포기하여 경건한 삶이나, 예배나 섬김과 같은 것들을 생각하지 않는 사람들의 대열에 참여했을 것입니다.
시편으로 가서 다윗의 소리를 들어보십시오. "내가 전심으로 여호와께 감사하오며 주의 모든 기사를 전하리이다"(9 : 1 ; 111 : 1 ; 138 : 1). 그리고 시편 119편에서 복받는 법을 봅시다. "여호와의 증거를 지키고 전심으로 여호와를 구하는 자가 복이 있도다…내가 전심으로 주를 찾았사오니…내가 주의 법을 준행하며 전심으로 지키리이다…내가 전심으로 주의 은혜를 구하였사오니…내가 전심으로 부르짖었사오니." 하나님을 구하고 하나님의 율법을 지키면서 찬양하고 기도하십시오. 전심으로 한결같이 말입니다.
돈이나 쾌락, 명성, 권력을 얻는 데 전력을 기울이는 사람들을 볼 때에 전심을 쏟기에 힘이 들지 않습니까? 전심은 그리스도인이 하나님을 마땅히 섬겨야 한다고 생각할 때 갖는 마음입니까? 그것은 내가 하나님을 섬길 때 갖는 마음입니까? 전심을 쏟는 것은 신앙 생활에서 가장 필요한 일이 아닙니까? 주여 우리에게 주님의 뜻을 계시해 주옵소서!
이제 우리 삶에 찾아올 수 있는 놀라운 변화에 대한 것들에 관해 예언자들이 말하는 것들을 조금 더 살펴봅시다.
예레미야 24 : 7 : "내가 여호와인 줄 아는 마음을 그들에게 주어서 그들로 전심으로 내게 돌아오게 하리니 그들은 내 백성이 되겠고 나는 그들의 하나님이 되리라."
예레미야 29 : 13 : "너희가 전심으로 나를 찾고 찾으면 나를 만나리라."

32：39-41의 신령한 말씀을 자세히 살펴보는 것에 싫증을 느끼지 마십시오. 그 말씀은 마지 못해 섬기는 삶에서 하나님의 자녀가 누리는 영광된 삶으로 완전히 바뀌는 비결과 씨앗과 살아 있는 능력이 담겨 있는 말씀입니다. "내가 그들에게 한 마음과 한 도를 주어 … 항상 나를 경외하게 하고 내가 그들에게 복을 주기 위하여 그들을 떠나지 아니하리라 하는 영영한 언약을 그들에게 세우고 나를 경외함을 그들의 마음에 두어 나를 떠나지 않게 하고 내가 기쁨으로 그들에게 복을 주되 정녕히 나의 마음과 정신을 다하리라!"

그러한 일은 모두 하나님께서 하신다고 되어 있습니다. 또한 하나님은 마음과 정성을 다하여 그 일을 하실 것입니다. 이것은 우리를 사랑하시며 자신의 약속을 이루시고 우리를 온전히 소유하시기를 갈망하시며 기뻐하시는 마음만을 품고 계신 하나님의 계획입니다. 그것은 또한 우리가 필요로 하는 일입니다. 이러한 하나님의 계획은 우리가 전심으로 하나님을 사랑하지 않을 수 없게 만듭니다. 주님 우리 눈을 역시 어 깨닫게 하여 주시옵소서!

요엘 2：12："여호와의 말씀에 너희는 이제라도 금식하며 울며 애통하고 마음을 다하여 내게로 돌아오라 하셨나니."

스바냐 3：14："이스라엘아 기쁘게 부를지어다 전심으로 기뻐하며 즐거워할지어다 여호와가 너의 형벌을 제하였고 너의 원수를 쫓아내었으며 이스라엘 왕 여호와가 너의 중에 있으니 네가 다시는 화를 당할까 두려워하지 아니할 것이라."

이제 우리 주 예수님의 말씀을 하나 봅시다. "예수께서 가라 사대 네 마음을 다하고 목숨을 다하고 뜻을 다하여 주 너의 하나님을 사랑하라 하셨으니"(마 22 : 37). 이것이 첫째 되는 큰 계명입니다. 이 명령은 주님이 우리를 위해 우리 안에서 이루시려고 오신, **우리가 이룰 수 있도록 하기 위해 오신** 율법의 총체입니다. "율법이 육신으로 말미암아 연약하여 할 수 없는 그것을 하나님은 하시나니 … 자기 아들을 보내어 육신에 죄를 정하사 … 그 영을 좇아 행하는 우리에게 율법의 요구를 이루어지게 하려 하심이니라."

하나님을 찬양하십시오! 사랑은 율법의 완성이기 때문에 온 마음으로 하나님을 사랑하는 율법의 의는 우리가 영을 좇아 행할 때 우리 안에서 이루어집니다. 예수님은 그러한 일을 위해서 오셨습니다. 예수님은 자신의 영, 곧 그리스도 예수 안에 있는 생명의 영을 주시어 실제로 그러한 일을 가능하게 하십니다. 마음과 뜻과 정성을 다하여 우리 몸 전체를 하나님께서 받으실 만한 제물로 드리기를 두려워하지 맙시다.

"영원한 언약"에 관한 6장과 "마음을 다하여 언약에 참여함"에 관하여 쓴 18장을 한 번 더 살펴보길 바랍니다. 그리고 나서, 마음을 다하는 새 언약에 아직 들어가지 못하였다고 하더라도 이제 들어갈 준비가 되어 있는가 물어보십시오. 하나님은 명령하시며 이루시는 분이시며 하나님은 참으로 우리의 전심을 영원토록 받으실 만한 분이십니다. 우리는 확신을 가지고 언약의 보증이신 복되신 주 예수님을 믿을 수 있습니다. 그리스도께서 보증하시는 것은 성령을 통해 우리 안에서 그 언약을 이루시며, 우리가 하나님께서 약속하신 것을 능력으로 이루실 것을 아는 믿음을 실천하게 하신다는 것입니다. 그리스도의 이름으로 "내 온 마음을 다하여 주님을 사랑합니다!" 하고 말씀하십시오.

언약, 하나님과 나를 묶는 띠

개정판 1쇄 • 2005년 2월 15일
개정판 6쇄 • 2020년 4월 22일

지은이 • 앤드류 머레이
옮긴이 • 문효미

펴낸이 • 곽성종
펴낸곳 • (주)아가페출판사
등록번호 • 제21-754호
등록일 • 1995. 4. 12

주소 (06698) 서울시 서초구 효령로8길 5 (방배동)
전화 584-4835 (본사), 522-5148 (편집부)
팩스 586-3078 (본사), 586-3088 (편집부)
홈페이지 www.iagape.co.kr

ⓒ 판권 본사 소유

ISBN 978-89-7469-557-6 (03230)

* 무단 표절 또는 복제를 금합니다.